饭店部门经理实务手册 系列丛书

保安部部门经理实务手册

☆☆☆☆☆

袁　义◆编著

旅游教育出版社
·北京·

“饭店部门经理实务手册”系列丛书

出版说明

我国奥运会的成功举办和旅游业的迅猛发展,给中国饭店业在服务、管理上提出了更高的要求。作为饭店产品中层管理人员的部门经理,其素质高低直接影响人们对中国饭店业的整体评价。因此,饭店积极开展部门经理岗前培训和在岗培训势在必行,而一套好的培训教材更是十分必要。

为适应新的饭店业培训的需要,我们邀请全国各知名旅游院校的老师和旅游行业经验丰富的管理者,一起编写了这套针对部门经理的培训用书。全套教材共有9册,分别涉及餐饮部、营销部、客务部、保安部等9个主要部门,与同类出版物相比,此套书具有以下特色:

第一,实用性强。全套教材以读者的实际需要为出发点,紧密结合饭店工作实际,结合新技术、新理念在旅游饭店的实际运用,切实解决饭店部门经理在实际工作中遇到的难题难点,力争使读者从本套书中能直接得到解决问题的具体方法。

第二,针对性强。此套教材的读者群是饭店各部门部门经理以及即将担任部门经理的人员。提炼的问题也是部门经理在实际工作中遇到的或可能遇到的难点,剔除了服务人员层次和更高一级管理人员的内容,因而更具有针对性。

第三,体例新颖。此套教材避免了与其他教材类似的传统体例,对于理论知识讲得很少,而是根据部门经理在实际工作中所遇到的真实难点提炼出若干个问题,从具体问题展开分析,旨在解决实际问题,而非笼统地传授理论知识。值得一提的是,我们在要求作者提炼问题时,特别强调问题不能太“大”或过于宽泛,这样有利于更深入地探讨。

教材的出版是一个不断完善的过程,作为国内唯一的一家旅游教育专业出版社,我们希望得到广大读者一如既往的关心和支持。对教材使用中的问题,我们更希望得到广大读者的积极反馈。我们定会不断以专业的精神提高我社教材的专业品质,回报广大师生与读者对我们的厚爱。

旅游教育出版社

目　录

模块一
保安部的安全管理工作

一、如何做好饭店的安全管理？

饭店保安部的首要任务是，保护饭店客人的人身安全和财产安全。保安部应当在总经理的领导和公安部门的指导下，全面负责饭店安全工作，维护内部治安秩序，防止火灾等事故的发生；防止各类安全事故和事件的发生；防止暴力犯罪和盗窃案件及其他犯罪活动的发生；确保客人和职工的人身、财产安全，保护饭店的财产安全，保障客人的合法权益不受侵犯；配合公安机关查控被通缉的犯罪分子。

参考方法一：落实各项安全防范措施

保安部要做好饭店的安全管理工作，首要的任务就是要落实各项安全防范措施。只有这样，饭店才能预防和减少违法犯罪行为，消除各种安全隐患，切实保护饭店的财产和人员的安全，维护饭店正常的经营管理秩序。

参考方法二：建立健全安全保卫制度和各项安全管理制度

为了做好饭店的安全管理工作，饭店的保安部应当制定一套完整的安全保卫制度和安全管理制度，这些制度主要有：

1. 门卫安全管理制度。
2. 前厅接待安全管理制度。
3. 客人入住安全管理制度。
4. 总台安全防范管理制度。
5. 客人行李物品安全保管制度。
6. 客人贵重物品安全寄存管理制度。
7. 客房钥匙安全管理制度。
8. 钥匙发放与配制安全管理制度。

9. 客人遗留物品保管制度。
10. 要害部门和部位安全检查制度。
11. 财务安全管理制度。
12. 巡逻管理制度。
13. 防火安全管理制度。
14. 饭店各部门安全管理制度。
15. 外来施工人员安全管理制度。

参考方法三:成立相关安全委员会

根据我国有关政策、法规的规定,饭店应当成立各类专业安全委员会和专业组织。如:饭店治安保卫委员会(简称治保委员会)、饭店消防委员会、饭店义务消防队,旅游饭店还应当设立国家安全领导小组。

治安保卫委员会的负责人由饭店总经理担任,其成员包括分管安全的副总经理、保安部经理及其他主要部门的负责人。一定规模的饭店还应当在一些主要的部门成立治安保卫领导小组。在消防委员会和治安保卫委员会下分设义务消防队和治安保卫领导小组,由上述两个委员会领导,在业务上分别由保安部的消防组和内保组指导。(见图1-1)

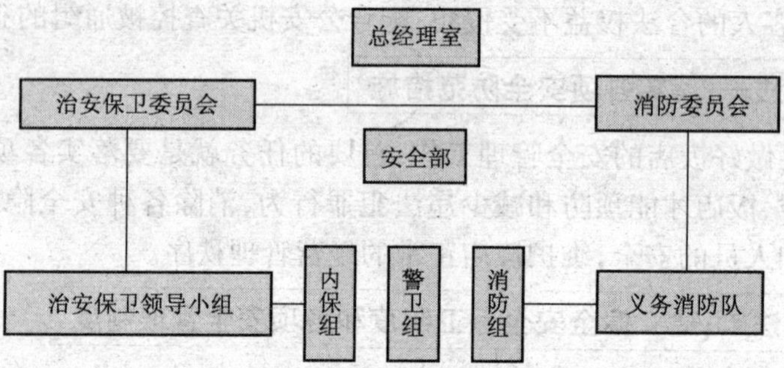

图1-1 饭店相关安全委员会

饭店消防委员会,是饭店最高一级的消防管理组织,一般由饭店的总经理担任主任,保安部经理和工程部经理任副主任。其成员包括饭店各主要部门的负责人,负责本饭店消防工作制度的制定、落实与检查。在消防委员会下设义务消防队。

在大中型饭店,除建立饭店消防委员会外,饭店的一些重要部门还应当建立消防领导小组,负责本部门的消防工作。各部门的消防领导小组负责人由部门行政领导兼任,重点部门的班组要设消防安全员。

参考方法四：依靠各部门通力合作，对饭店实行全方位安全管理

饭店的部门比较多，比如，前厅部，一般负责客人的接待等项工作；客房部，一般负责客房的清扫等项工作；餐饮部，一般负责客人的用餐等方面的接待服务工作，所以，保安部的工作涉及的部门比较复杂。因此，保安部应当依靠各部门的通力合作，对全饭店的各部门和岗位实行全方位的安全管理，只有这样才能有效地确保饭店的正常运转。

基本对策：

步骤一：实行安全管理责任制。

实行安全管理责任制，是饭店搞好安全工作行之有效的措施之一。要确保饭店的绝对安全，就应当按照“领导负责，分级管理，各负其责”的原则，做好饭店的安全管理工作。按照“谁主管，谁负责”的原则，确定各部门的安全管理责任人。由饭店的保安部代表饭店方，同饭店的各个部门签订安全责任书，以确保饭店各部门的安全工作。具体的安全管理责任如下：

1. 按照“谁主管，谁负责”的原则，饭店总经理兼任治安保卫委员会和消防委员会的主任，全面负责饭店的安全管理工作。
2. 前厅区域的治安、消防管理工作由前厅部经理负责。
3. 客房区域的治安、消防管理工作由客房部经理负责。
4. 洗衣房的设施、设备安全和消防管理工作由洗衣房主管负责。
5. 餐厅区域的治安、消防管理工作由餐饮部经理负责。
6. 厨房区域的安全和消防管理工作由厨师长负责。
7. 舞厅、桑拿、按摩等娱乐场所的治安、消防管理工作由康乐部经理负责。
8. 饭店内的各种设备、设施安全管理工作由工程部经理负责。
9. 消防监控室内的消防、报警系统和闭路电视监控室的安全监控系统由保安部经理负责。
10. 全体员工的安全消防培训和考核工作由保安部、人事培训部及所属部门经理共同负责。
11. 义务消防队的培训和管理工作由保安部和人事培训部经理负责。
12. 各部门的办公室及所属区域的安全消防管理工作由各主管部门经理负责。
13. 员工入店安全、消防培训工作由人事培训部和保安部经理共同负责。
14. 各岗位的安全消防培训工作由各岗位的领班和主管负责。
15. 施工场地、车场及动火场地的安全消防管理工作由保安部负责。

比较难管理的是外来施工单位的安全管理。为确保饭店在施工期间的安全，保安部一定要同外来施工单位签订“外来施工安全责任书”（见示例1－1）。

示例1－1

外来施工安全责任书

为了加强饭店在施工期间的安全管理，杜绝在施工中可能发生的火灾隐患及其他安全事故，根据《中华人民共和国消防法》及"谁施工，谁负责"的原则，饭店（甲方）与施工单位（乙方）签订如下安全责任书，明确双方在施工安全方面的责任，以确保宾客生命安全和财产安全。

（一）甲方责任义务

1. 开工前甲方负责向乙方提供消防安全管理资料，对乙方员工进行消防安全培训，按规定对所有施工人员进行登记并办理施工出入证。

2. 甲方提出安全施工要求，对施工现场进行不间断的监督检查，对违章行为有权制止并进行处罚。

3. 甲方保证施工现场配备足量的消防器材（灭火器）。

（二）乙方责任义务

1. 乙方法人代表为施工单位防火责任人。

2. 乙方特种施工作业人员必须证照齐全、有效，持证施工，并且向甲方提供证件复印件。

3. 乙方应认真执行《中华人民共和国消防法》及其他有关国家法律法规和饭店的安全管理制度。

消防安全责任：

1. 按章施工，施工中的动火作业，如电气焊、切割、喷灯等，必须经甲方审批办理"动火证"后方可实施，并严格按"动火证"要求进行动火作业，施工完毕，氧气瓶、乙炔瓶等动火工具当日必须运出饭店大楼。

2. 施工中如需接拉专用电路，必须经饭店保安部同意由专业电工按安全规定接拉电路，不得超负荷用电。

3. 严禁在楼内吸烟，施工现场严禁使用碘钨灯。

4. 严禁使用电炉、电褥子、电水壶等电热器具，不得在大楼内烧水、做饭。

5. 施工使用的易燃危险品，如香蕉水、油漆等，要限量入饭店的大楼，不得大量储存，入楼前必须到保安部备案，并由乙方指定专人管理。

6. 乙方应爱护施工现场的消防设备和器材，防止消防喷淋头破裂造成施工事故，无特殊情况不得随意触动消防按钮，如有损坏或造成事故由乙方负责赔偿。

7. 乙方施工中如涉及消防设备的关闭或拆除，必须及时通知饭店保安部，经批准后方可关闭或拆除，施工完毕由乙方指派专人将关闭或拆除的阀门恢复正常使用。

8. 对于施工期间的楼内施工垃圾乙方必须每日进行清理出楼，清理出的外围垃圾够一车时必须清理一次。

治安管理责任：

1. 施工人员必须统一着装，佩戴公司标志，左胸佩戴饭店施工出入证，由指定路线进出饭店。

2. 施工人员搬运材料或进出必须走规定路线，不得出入饭店正门。

3. 施工材料出楼，必须由施工单位经理签字，再经饭店保安部经理认可签字盖章后方可。

4. 施工人员不得带闲杂人员进入饭店，不得进入无关楼层。当天施工结束后，因特殊原因需留值班人员，经饭店同意后到保安部办理手续。除值班人员外其余人员不得在饭店逗留。值班人员必须切实履行值班职责，服从饭店管理，值班现场不得吸烟，如遇突发事件必须无条件配合协助处理。

乙方必须严格履行以上消防、治安管理责任义务，如违反本安全责任书之规定，造成严重后果、恶劣影响或经济损失，乙方将承担全部法律及经济赔偿责任。

步骤二：明确各部门的安全消防职责。

饭店各部门安全消防责任人的职责，有以下几个方面：

1. 领导本部门的安全消防管理，贯彻执行国家有关安全和消防法规，全面负责本部门辖区内的安全消防工作，确保本部门和辖区的安全。

2. 负责组织制定、修改本部门的各项消防规章制度，并检查落实情况。

3. 部署、检查、总结本部门的安全消防工作，并定期向饭店及保安部报告有关本部门的安全消防工作情况。

4. 组织本部门安全和防火安全检查，消除火灾隐患和不安全因素。

5. 利用各种形式对本部门的职工群众进行安全消防宣传教育和有关安全消防方面的培训工作。

6. 定期检查本部门各班组对消防设备、器材的维护、保养和管理工作。

7. 组织制订紧急状态下的疏散方案。

8. 在本部门和辖区内发生火灾时，积极组织扑救初起火灾和指导安全疏散，并迅速报警。

9. 协助饭店和保安部调查处理发生在本部门范围内的安全和消防事故、事件。

10. 利用班组会等形式，对部门的人员进行有关安全消防方面的培训教育工作。

11. 总结交流本部门各班组安全防范及防火安全管理工作的经验教训，及时表扬先进。对在安全防范及防火安全管理工作中做出显著成绩，或有特殊贡献的个人和班组提出奖励意见，对不重视安全防范及防火安全管理工作，或违反有关安全和消防法规的进行批评教育。

步骤三:把好招收新员工关,注意录用品德优良、作风正派的人员进入饭店工作。在招工时,对申请者应进行全面的考察,严格把关,不符合条件的坚决不予录用。根据国家旅游局和公安部的《关于加强旅游涉外饭店安全管理严防恶性案件发生的通知》精神,"凡是被饭店开除的人员,其他饭店不准录用"。

步骤四:人事培训部要制定与饭店安全管理相配套的政策,奖励在安全工作中做出成绩的个人和组织,惩罚违反饭店安全规定的行为。在本饭店的员工手册中要写明饭店的安全管理规定和火灾报警程序等。

步骤五:根据国家有关法律规定,新录用的员工,须经过安全培训后方能正式上岗。培训教育工作包括两个部分:一是培训员工安全管理意识,提高他们识别违法犯罪分子的能力和处理有关安全事故的能力;二是不断对员工进行思想教育与法制教育,以防发生违法乱纪行为。

步骤六:针对本饭店的特点对职工进行安全消防宣传教育及相关的培训。要搞好饭店的安全管理工作,必须依靠全体员工的努力,全体员工都提高安全防范的意识,才能确保饭店的安全。

步骤七:组织饭店的治安和防火安全检查。饭店要定期和不定期地组织检查饭店的安全工作情况,这些安全检查包括:由饭店治安保卫委员会和消防委员会组织的饭店安全大检查(一般每月一次);重大节日和重要活动前安全检查;保安部的每日饭店安全巡查等,及时查出和消除各种不安全的隐患。

步骤八:按照国家有关法律、法规的规定配置安全消防设施和器材(如安全闭路电视监视系统、火灾自动报警系统、水喷淋系统等)、设置安全标志,并定期组织检验、维修,确保饭店安全和消防设施和器材完好、有效。

步骤九:确定饭店的安全消防重点部位,建立饭店的安全和防火档案,设置防火标志,实行严格安全管理。

步骤十:根据本饭店的情况制定各种应急预案,如:防爆应急预案、灭火应急预案、疏散应急预案、防台风应急预案、停电应急预案、抢劫应急预案、客人死亡应急预案等。

步骤十一:保障饭店消防通道、疏散通道、安全出口的畅通,这些通道在任何情况下都不得堵塞。从很多饭店的火灾情况来看,造成大量人员死亡的原因都是因为消防通道不畅,在发生火灾时不能迅速撤离现场而造成的。

步骤十二:对于饭店的安全管理一定要实行严格的管理制度与措施,要采取"四不放过"的原则,即事故原因没有调查清不放过;事故责任者没有严肃处理不放过;员工没有受到教育不放过;防范措施没有落实不放过。

步骤十三:安装安全闭路电视监控系统。有条件的饭店应当安装安全闭路电视监控系统(见图1-2),在大厅、客房的楼层、餐厅、康乐区、电梯内、停车场等场所安装闭路监控摄像头，对上述区域进行 24 小时的安全监控，如有条件还应在电梯内安装鱼眼摄像头，以便在发现不良分子的时候随时跟踪。安全闭路电视监控应当 24 小时不间断地对饭店各部位进行监控。如果是庭院饭店或饭店的范围较大，在饭店的外围可安装红外摄像头，这样在夜间黑暗无灯光的情况下，也可以清楚地观察到饭店外围的情况。

闭路监控电视的摄像头应采用隐蔽型与外露型相结合，隐蔽型的摄像头可以暗中监视饭店的各部位，外露型的摄像头可以起到威慑犯罪分子的作用。

视频监控系统
- Ademco Video - VCL
- Silent Witness - Honeywell

图 1－2　安全闭路电视监控系统

步骤十四：安装红外报警系统。如有可能，饭店应当在贵重物品寄存处、财务部、珠宝商场以及其他有贵重物品的地方安装红外报警系统。在下班无人的时候，只要有人在上述部位出现，保安部就会立即得到报警。

二、如何做好 VIP 和重要活动的保安工作？

星级饭店，尤其是高星级饭店和政府宾馆常常会接待一些 VIP（非常重要的宾客）和重要活动。VIP 接待保安工作，分为“一级保卫”、“二级保卫”等若干种类，最高一级的 VIP 安全保安工作称为“一级加强”，是指接待国家元首、政府要员、国家领导人、前国家领导人、知名人士等重要宾客的保安工作。

参考方法一

“一级保卫”和“一级加强”VIP 的安全管理工作，要在省、市公安保卫部门的指导和饭店总经理的领导下，组成安全工作领导小组。大型活动要在饭店的统一领导下进行。

参考方法二

在接到 VIP 和重要活动的接待任务时，保安部要针对本饭店的情况以及所要接待对象的具体要求,按照本饭店的VIP或重要活动接待计划,制订一套详细的特定安全保卫方案,并且要依靠各部门的共同努力将VIP和重要接待工作做好。

基本对策:

步骤一:VIP抵达前,或重要活动开始之前,客房部应对其安全工作做一次全面检查与安排,内容如下:

1. 确定VIP使用的客房。

2. 检查VIP客房内设施、设备是否安全,重点有:

(1)地毯是否平整。

(2)客房内的各种装饰是否牢固安全。

(3)卫生间是否有防滑措施(如防滑垫、地巾等)。

(4)检查房内电线、插座、电器等是否有破损。

(5)检查房门门锁是否完好、安全。

(6)检查楼层的消防设施、设备。

步骤二:VIP抵达前,或重要活动开始之前,工程部应对其安全工作做一次全面检查与安排,内容如下:

1. 对饭店的各种设施、设备进行一次全面安全检查(如电梯、配电房、锅炉、供水、应急照明等设备)。

2. 对VIP房间的电器、设备进行全面检查(如电视、电灯、电话、冰箱、空调、冷热水等)。

3. VIP所到地点的电器设备是否安全。

步骤三:VIP抵达前,或重要活动开始之前,餐饮部应对其安全工作做一次全面检查与安排,内容如下:

1. 对VIP所用的所有餐具进行全面的消毒。

2. 对VIP用的各种餐具进行卫生、安全检查。

3. 对VIP所用的所有食品原材料进行安全检查。

4. 对VIP用的各种菜肴准备留样备验。

5. 指派专门厨师负责烹饪工作。

步骤四:VIP抵达前,其他部门应对其安全工作做一次全面检查与安排,内容如下:

1. 重点部门指派专人负责安全工作。

2. 各部门进行一次全面安全检查。

步骤五:VIP抵达饭店,或重要活动进行时,保安部的安全保卫工作有:

1. 指定专人负责饭店大门安全,维护大门秩序,加强对闲杂人员的控制。

2. 管理好大门区域内的各种车辆,防止交通阻塞和突发事件的发生。

3. 在大厅设立一固定岗,严格防止各类突发事件的发生。注意对贵宾及其他客人的包裹、行李、手提物品的保护，防止错拿及失窃。保持大厅内秩序井然。

4. 住客楼层的入口处设一名警卫，注意观察该区域的情况，随时排除出现的不安全因素。防止闲杂人员进入。检查楼层安全疏散通道是否畅通。

5. 保安部安排1~2名警卫人员巡视饭店，注意观察饭店有无闲杂人员，维护饭店正常秩序。

6. 检查各处防火工作情况，发现问题立即汇报，并着手解决。

7. 保安部另安排若干人作为机动人员，以防突发事件的发生。

三、如何预防和处理员工的偷盗行为？

饭店内盗事件，是安全管理中比较令人头痛的问题。饭店绝大多数员工是遵纪守法的，但也确实有少数人，爱占小便宜，见利忘义，偷拿饭店或客人的财物。饭店内盗事件不但使饭店的财产受到损失，还会使饭店的名誉受损。

保安部的重要任务之一，是保护饭店和客人的财产安全。因此，饭店要加强内部安全管理，要对员工的行为进行合理的规范，这样才能有效地杜绝或者减少员工的内部偷盗行为的发生。

在员工通道对员工带出饭店的物品进行检查的做法，在国内有两种看法：一种是，饭店有权对员工带出饭店的物品进行检查；另一种是，饭店无权检查员工的私人物品，擅自检查员工的私人物品是一种侵犯人权的行为。饭店如何既不违反国家的法律规定，又能够维护饭店的利益呢？

参考方法一

饭店可在员工通道处设置“请主动开包接受检查”的告示牌，让员工自己主动打开包，接受保安人员的检查。保安人员在检查中一定不要主动去打开员工的包裹。员工绝大多数也愿意主动打开包接受检查，以证明如果饭店发生了物品丢失的事件，与自己无关。

对于不愿意接受检查，或者不配合进行检查的员工，保安部可同员工所在部门的领导进行沟通，不要直接同员工产生冲突。

参考方法二

对于一些不要求检查员工包裹的饭店，保安员要更多地靠“观察”和“留意”寻找蛛丝马迹，同时要本着具体问题具体分析的原则。比如对于女士随身携带的小包，可不用留意，而对于那些较大的塑料袋等，则需要引起更多的注意。

参考方法三

将员工更衣室设置在员工通道附近，员工上班，进入饭店后即到更衣室换工作服，将随身携带的包裹放在更衣柜里，然后进入工作岗位。这样可以阻止员工将包裹直接带到工作岗位，避免某些员工顺手偷盗饭店财物的可能。

对于盗窃事件，应当立足于防，做到以防为主。饭店的防盗工作应当从两方面着手，一是加强员工教育和内部安全管理，二是配备相应的设施设备。

防火墙一：建立、健全安全规章制度

饭店要杜绝或减少内部偷盗事件的发生，首先要建立、健全各项安全规章制度。在员工手册以及各部门的安全管理规章制度中做出有关规定，如规定员工上、下班必须走员工通道；员工上班必须穿着工作装、佩戴名牌，不得串岗；主动让门卫检查所携带出店的物品；下班后不得在饭店逗留等。要在各岗位的安全职责上明确相关义务，使员工的行为规范受到制约。还要在员工内部形成监督机制，以及奖赏和惩罚制度，使得每位员工都能互相提醒，互相督促，杜绝和减少内部偷盗行为的发生。

防火墙二：把好用人关

饭店要把好用人关，录用品德优良的人进入饭店工作。如今，采用二十多年前使用的新员工入店前的内查外调的方式显然是行不通的。但是，饭店在录用新员工时，仍然要把好关，录用高素质的优秀人员进入饭店工作，并按照规定进行身份登记。凡是被其他饭店因为偷盗等问题开除的员工，一律不得录用。饭店如果没有把好用人关，将后患无穷。

防火墙三：对员工进行素质教育和法制教育

从一些饭店发生的盗窃案来看，很多作案者是饭店的员工。饭店员工在日常工作和服务过程中，有机会接触饭店以及客人的财物。有些员工自身修养不够，如果对他们管理不严，教育不够，很容易发生偷盗行为。所以，饭店应当不断对员工进行教育培训，以拥有一支高素质的队伍。

保安部要配合培训部对员工进行经常性的素质教育和法制教育，包括职业道德素质和思想道德素质教育，使员工充分认识到偷盗是一种严重的违法行为，作为饭店员工应当致力于保护饭店和客人的财产安全。可结合国内饭店业发生和处理的一些员工偷盗的案件，对员工进行培训和反偷窃教育，使其精神文明程度切实提高。

防火墙四：加强防内盗管理

从预防着手，加强饭店财物的安全管理。饭店的财产数目庞大，种类繁多，有些员工偷盗正是钻了饭店疏于管理的空子，觉得拿了没人知道。对此，饭店可将不同种类财产划分到具体的部门和人，进行责任到人管理，使心怀不轨的人无从下手。

防火墙五:加强监督管理

保安部要加强对饭店财产保护的监督管理。保安员要时刻提高警惕,对于内部员工,哪怕是极其熟悉的都不能掉以轻心,要切实把工作的责任感放在第一位,使保安工作不留死角。保安巡逻要特别留意观察一些反常的人员和情况,让偷盗者无机可乘。

防火墙六:建立内保档案,掌握员工基本情况

保安部要建立内保档案,掌握员工的基本情况。当饭店接待重要贵宾或进行较大规模的活动时,要将平时表现优秀的员工安排在第一线,以达到预防恶性事件的目的。

防火墙七:定期召开安全情况分析会

保安部要定期召开安全情况分析会,针对各个时期、各个部门的特点以及易发生偷盗的时间、易发生偷盗的部位、易发生偷盗的方式等情况进行具体的分析,有针对性地采取防范措施。

防火墙八:把好员工通道关

保安部要把好员工通道关。饭店员工上、下班均通过员工通道,保安人员在岗时要留心观察,注意出入员工的神色和可疑情况,不让饭店的任何财物被员工带出门。

防火墙九:依靠各部门的合作

保安部要同饭店的一些主要部门签订安全防范责任书,依靠各部门的合作做好保安工作。保安部要在每月的饭店安全例会上,将发生偷盗事件的部门进行通报,使这些部门切实做好防止内盗的工作。饭店可将部门的发案率同考核干部的指标进行挂钩,做到经营业绩和安全防范工作"同评比,同考核"。

基本对策:

饭店一旦发生员工偷盗行为,保安部管理人员必须立即进行调查处理。

步骤一:保安部在发现员工进行偷盗,或者怀疑员工有偷盗行为时,要立即对可疑人员进行监控。如果该场所装有安全监控摄像头,要通知监控室立即进行监控录像。

步骤二:在对可疑人员进行监控时,应留意可疑人员的神色、行为举止等,并对其随身所带的包、物品进行控制。

步骤三:如果确定偷盗者为员工,或者员工偷盗的可能性较大,在找员工谈话时,要有 2 人以上在场。谈话时要选择保安部或其他较隐蔽的场所,不要在公共场所等人多的地方。

步骤四:要以事实为依据,在处理过程中,不能凭主观想象。对于饭店的场所,保安部可直接进行搜查,对于员工的包裹,要让员工自己打开。

步骤五:饭店在处理员工偷盗时要注意,千万不要对员工进行搜身。可以通过谈话,让员工自已将东西拿出来。在处理整个事件中,要始终用事实证据说话,否则很难让偷盗者心服,处理不好还有可能违反有关法律规定。

步骤六:整个处理过程要有记录,要有章可循。对发生在饭店的偷盗事件绝不能包庇。如果盗窃事件比较严重,应当送交公安部门处理,保安部不能私自对员工进行审讯,更不能滥用私刑、实行扣留等。

步骤七:总结并写出报告。分析偷盗事件发生的原因,找出管理上的漏洞,采取措施,防止类似偷盗事件再次发生。

案例1-1

警惕“员工扒手”

2005年2月15日下午,济南历山路某饭店经理向历下东关大街派出所报警:中午放在一楼吧台抽屉内的3 000元现金不见了,怀疑是上班仅半天,事发后又不见踪影的一名女服务员所为。民警了解得知,这名女服务员自称姓张,是历城区人,此外没有留下任何信息。

警方在调查中获悉,事发前嫌疑人曾经打过一个电话,并且在点菜单上记下了手机号码。警方通过菜单上模糊的手机号码查出该手机的机主是泉城路某饭店的厨师蔡某。面对民警的询问,蔡某称给他打电话的是同事李某的女友郑某。警方很快找到李某。李某称,他的手机在15日早上被其女友郑某拿走,他与郑某是通过上网认识的,只知道她是济南某大学的学生,经常陪他在饭店上夜班。估计是15日早上,郑某看到手机上的未接电话后给蔡某打了电话。当天下午,郑某就将手机还给了李某,并答应晚上再来。

警方在15日晚上11时许,将嫌疑人抓获。经审问,嫌疑人郑某18岁,是德州无业人员。自2004年6月份、7月份开始,郑某编造种种谎言先后到济南多家饭店应聘工作,应聘到饭店后短则几天,长则数周,其间作案6起,盗窃现金7 000余元,手机2部、小灵通2部。

评析:

为了杜绝这样的事情在饭店发生,饭店首先要把好用人关。在招录新员工时,保安部要参加把关。必要时可以对应聘人员进行调查,如应聘人员说曾经在某饭店干过,饭店可询问该饭店是否确有其事。

其次,饭店要对员工进行安全培训和法制教育。本案中的嫌疑人曾到过多家饭店通过应聘进行盗窃，之所以屡屡成功，是因为这些饭店忽视了把好用人关及安全防范工作。饭店不但要对新员工进行防盗等方面的安全培训，而且要对他们进行素质和法纪教育，使他们认识到盗窃是一种违法犯罪行为。

最后，饭店要加强内部管理，使想作案者无机可乘。

提示：

(1)对员工进行经常性的安全培训和法制教育，提高他们自身的修养和素质。

(2)健全饭店的各项安全管理规章制度，如员工必须走员工通道；上班不得串岗等。

(3)安全监控保安员对于一些行动诡秘的人员要多加注意。

模块二 饭店内部控制与管理

一、如何做好前厅安全管理？

前厅是饭店的脸面，是人员进出饭店的必经之地，饭店大厅内每日人流量较多，人员也较复杂，一般也是犯罪分子进出饭店的主出入口。如果前厅的安全工作做得好，可以及时发现或避免饭店发生的一些安全案件。

饭店的客人到客房或其他一些服务区域一般都要从前厅通过，不良分子往往会混在其中。如果用过去的那种盘问和检查核对身份的方式显然是不行的。因此，饭店应当采取一些切实可行的措施，对强对饭店的安全管理。

参考方法一

严格执行国家及公安部门有关客人登记入住的规定，认真查验客人的住宿证件。2006 年施行的《中华人民共和国治安管理处罚法》第五十六条规定：旅馆业的工作人员对住宿的旅客不按规定登记姓名、身份证件种类和号码的，或者明知住宿的旅客将危险物质带入旅馆，不予制止的，处 200 元以上 500 元以下罚款。旅馆业的工作人员明知住宿的旅客是犯罪嫌疑人员或者被公安机关通缉的人员，不向公安机关报告的，处 200 元以上 500 元以下罚款；情节严重的，处 5 日以下拘留，可以并处 500 元以下罚款。《旅馆业治安管理办法》第六条规定："旅馆接待旅客住宿必须登记。登记时，应当查验旅客的身份证件，按规定的项目如实登记。"登记查验制度是识别和控制不法分子的重要手段。

参考方法二

国内客人凭有效身份证或驾驶证登记入住。"入住登记表"由客人本人填写。如果入住的是外国籍客人、华侨和港澳台胞，一律凭有效签证的护照、旅行证、通行证等证件登记入住。

参考方法三

前台接待人员不要将互不相识的客人安排在同一房间，也不要将国内和国外的客人安排在同一房间。

参考方法四

负责登记接待的前台人员经过验证无误后，方可发给客人房间钥匙。旅行团队的入住手续可由陪同人员统一代办。对重点客人可由接待单位、大堂经理先引进房，然后在房内办理入店登记。

参考方法五

对形迹可疑的人员，可先安排入住，然后向保安部报告。保安部发现可疑迹象，或确认证件有问题的，应当立即上报公安机关处理。

参考方法六

在登记入住时，如发现客人有下列情况，应当引起注意并及时向保安部汇报：

1. 证件有涂改痕迹的；
2. 证件使用时间与证件破损程度不符的；
3. 一人有多种证件，且不相一致的；
4. 身份与外貌不相称的；
5. 登记单上显示的文化程度与实际水平不符的；
6. 行为异常的。

参考方法七

前厅部要了解每天的客情，做好客人行李的接送工作。对于团队客人的行李，到店时要弄清准确的件数，检查有无遗漏或损坏，将团队名称、行李件数填入登记表，并请有关人员签名确认。进入饭店的行李要妥善放置，专人负责。暂放在大厅的团队行李应当用网罩罩起来，防止行李遗失。行李离店时，需将行李按时送到指定的地点，点清数字，按要求挂好行李卡，与旅行社陪同人员联系核对，办好交接手续。

参考方法八

一些散客或商务客人，在登记时会将随身携带的手提行李放在柜台边进行登记，服务员要警惕不良分子顺手将客人的物品盗走。

参考方法九

对于需要送到客人房间的行李，一定要交到客人的手上，不要随便放在房门口。

参考方法十

存放在饭店的行李要手续完备，要当面点清并登记数量，由双方确认后给予凭证（行李卡）。饭店在收存客人的行李后，应采取必要的措施，维护保管物的原状。客人将行李等物品存放在饭店，饭店接受客人的寄存物，是一种保管行为。客人将行李等物品交给饭店，经双方确认后，客人拿到行李卡，保管合同即告成立。对客人寄存的一切物品不得挪用或者让第三者使用。如非事前约定，所存物品不得交由第三人。

所有存放或托运的行李应当请客人上锁以免发生纠纷。存放在饭店行李寄存处的物品如发生毁损或灭失，饭店将负相应的责任。

参考方法十一

客人寄存在行李房的行李物品应严格按规定程序办理。行李房内禁止无关人员进入。行李寄存处不得替客人存放易燃易爆、枪支弹药及各种危险物品，如发现上述物品应立即报告保安部。

参考方法十二

饭店要建立访客接待管理制度，对于夜间来访的人员要严格登记。前台工作人员在告诉访客住店客人的房号前，要问清访客的身份及同被访者的关系等情况，并应当征得住店客人的同意。

参考方法十三

如果没有经过住店客人确认，客人又不在客房，饭店工作人员不要随便将客房钥匙交给访客，更不能替访客开门。工作人员不要随便将住店客人的情况告诉来访人员，如对方打听，应先征得客人的同意。

如何预防：

防火墙一：严防客人携带危险品

工作人员若发现客人将易燃、易爆、剧毒、腐蚀性或放射性等危险物品带入饭店内，应耐心劝阻，并立即向保安部报告。客人携带枪支进店，须出示“枪支携带证”，客人办理入住手续进入客房后，保安部需向当地公安机关报告。

防火墙二：在饭店大厅设置保安

如果条件许可，饭店可以在进出高峰期，以及有大型活动的情况下，在大厅内设一警卫，注意进出人员动态。

防火墙三:培训员工安全防范意识

加强对前厅部的工作人员,尤其是迎宾员、行李员、大堂经理、问讯等岗位的工作人员进行培训。他们在做好本职工作的同时,也应当是合格的安全员。保安部应经常对他们进行安全知识方面的培训,使他们能够识别不良分子。

防火墙四:贵重物品保险箱设置与管理要符合国家有关要求

《中国旅游饭店行业规范》第十七条规定:"饭店应当在前厅处设置有双锁的客人贵重物品保险箱。贵重物品保险箱的位置应当安全、方便、隐蔽,能够保护客人的隐私。饭店应当按照规定的时限,免费提供住店客人贵重物品的保管服务。"饭店应当按照国家的要求,设置客人贵重物品保险箱,并且建立一套登记、领取和交接制度。

有些饭店仅在前台放置普通的保险箱,供所有需存放贵重物品的客人使用,这样做不符合国家的有关规定。饭店应当设置符合标准的饭店专用保险箱。每位客人使用贵重物品保险箱时只使用其中的一抽屉,每一抽屉有两把锁,每一把锁只有一把钥匙。一把钥匙由客人保管,另一把钥匙由饭店保管,两把钥匙同时启用才能打开保险箱(见图2-1)。

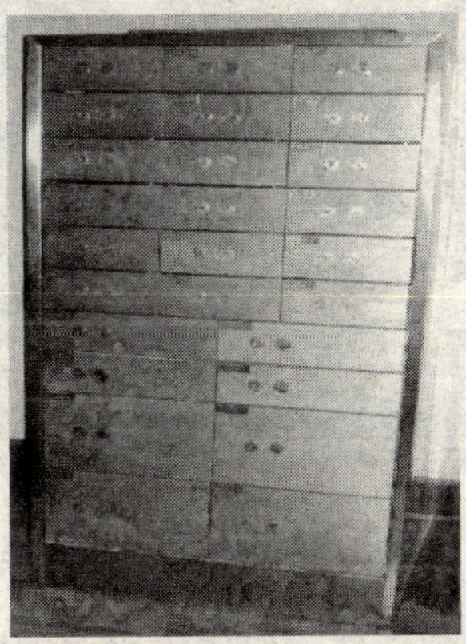

图2-1　贵重物品保险箱

贵重物品保险箱应设置在使用方便、易于控制的场所,一般设在前台收款旁边专门的小房间内。如果有可能,小房间内设置安全闭路电视监控摄像头。未经许可,任何人不得进入该场所。

基本对策:

步骤一:从安全的角度来看,饭店的出入口不宜太多。除员工通道外,一般的饭店最好只有一个主要的出入口,这样可以进行重点控制。

步骤二:如果饭店在设计时留有较多的出入口(有的饭店考虑到消防的需要,特别是那些高层建筑的饭店,按照国家的消防建筑规范,必须要有一定的疏散出口),可将一些暂时不用的出入口安装火灾疏散应急门锁。平时这些门处于封闭状态,一旦发生火灾门则自动打开(注意:消防通道的门千万不能封堵。如果将这些出口封上,是严重违反国家消防法规的行为,属于重大消防安全隐患,非常危险)。在一些消防疏散通道通向外部的门上安装紧急疏散推动装置,平时这些门处于关闭状态,外部人员不能入内,一旦发生火灾等紧急情况必须疏散人员时,只要推动此装置,门即可打开,监控室即刻可接到报警。

步骤三:如有可能,在上述消防疏散通道门的紧急疏散推动装置上方,再安装一闭路监控电视摄像头,如果有人员非法进出该门,监控室将会接到报警,监控器的画面则即刻切换到该出入口。这样,在监控室就可对该部位予以控制。(见图2-2)

图2-2　紧急疏散推动装置及闭路监控电视摄像头

步骤四:安装闭路电视监视系统。饭店应当在大厅、贵重物品寄存处、行李房、电梯内、客房走廊等场所安装闭路电视监视监控头,对上述场所进行安全监控。在电梯内安装闭路电视监视摄像头,可以对进入电梯的人员进行有效的监控,防止不法分子作案。在多层和高层饭店,电梯是到达客房的主要通道,在电梯内安装闭路电视监视摄像头,能起到有效的作用。电梯内的闭路电视监视摄像头应当使用隐蔽型的,安装在正对电梯门的右上方。

步骤五:从饭店的性质看,饭店是一公共场所。现代的饭店不可能像以前那样在电梯前设置一保安人员,盘问入电梯的人员是否是住店客人。为了保证饭店客人的人身安全和财产安全，防止闲杂人员进入客房区域，饭店可以在电梯内安装客人身份识别系统，客人凭客房的钥匙才能使电梯工作。

步骤六：前厅工作人员发现违法犯罪分子、形迹可疑人员或被公安机关通缉的罪犯时，不要惊动对方，应在稳住对方后立即向保安部报告，并同时进行监视，不得隐瞒或知情不报。

步骤七：为防止客人贵重物品的灭失，饭店要通过有效的方式提示客人使用贵重物品保险箱，如总台的员工在为客人办理登记手续时，提醒客人将所携带的贵重物品存放在饭店的贵重物品保险箱内。饭店还应当在"住客登记单"或"欢迎卡"上注明"请将贵重物品存放在总台的客人贵重物品保险箱"的字样，还可以在客房内的《服务指南》中提醒客人。

步骤八：在客人办理贵重物品寄存时，工作人员应当遵守《中国旅游饭店行业规范》第十九条规定："客人寄存贵重物品时，饭店应当要求客人填写贵重物品寄存单，并办理有关手续。"

客人首次使用保险箱时，饭店应当要求客人填写"贵重物品保险箱登记卡"，工作人员核对无误后，发给客人一把钥匙。当客人再次使用时需填写"贵重物品保险箱核对卡"，工作人员将核对卡同登录卡相对照，确定无误后给客人使用。为保护客人的隐私，当客人使用贵重物品保险箱时，工作人员应避免张望，以防客人疑心。一般情况下应当让客人自己存、取物品，以免发生纠纷。

步骤九：客人在结束使用贵重物品安全保险箱时，应在"贵重物品保险箱核对卡"（见表2－1）上签名。在核对卡上饭店应当注明："本人声明，我存放在该饭店贵重物品保险箱内的一切物品已经安全全部地取出，我和上述饭店解除所有法律责任" 的字样。这样做的目的是保护自己，以防与客人之间发生纠纷。

表2－1　贵重物品保险箱核对卡

Please fill in the form for access to your Safe Deposit Box No.

____

请在下列栏目中填写以便开启________号保险箱。

Date 日　期	Time 时　间	Guest Signature 客人签名	F. O. Cashier Signature 前厅收银员签名

续表

Date 日　期	Time 时　间	Guest Signature 客人签名	F. O. Cashier Signature 前厅收银员签名

I hereby acknowledge that all property stored in the SAFE DEPOSIT BOX of INTERNATIONAL HOTEL has been safely withdrawn there from, and all liability of the said HOTEL is hereby released.

我特此承认我存放在国际饭店保险箱中的所有物品已经安全如数取回，国际饭店对这些物品不再负有任何责任。

Date　　　　　　　　　　　　　　Guest Signature
日　期__________　　　　　　　　客人签名__________
Time　　　　　　　　　　　　　　F. O. Cashier Signature
时　间__________　　　　　　　　前厅收银员签名__________

案例 2 -1

通过客人登记表查出特大案件

2 月 25 日下午 4 时，苏州某宾馆保安部主任在翻阅住客登记表时，发现一张有些异常的登记表。这张字迹歪斜的住客登记表上写的工作单位是“华桥商店”。保安部主任起了疑心：住客把自己单位的名称“华侨”怎么会写成“华桥”呢？出于职业敏感，他隐约觉得有问题。他立即与该楼层的服务员联系，要求对住在 1605 房间的两位“华桥商店”的女青年多加注意。当晚 7 时许，趁两位女客还没回来，保安部进房查看，发现房内有男子的衣物，烟灰缸里留有不少烟头。迹象表明，该房间有男女混住之嫌。夜晚 11 时许，两女客同一名男子回到了房间。按照该宾馆的规定，此时已过了会客的时间，保安部会同值班总经理进行了检查。1605 房内一片狼藉，检查时发现，那名男子随身携带有 5 张不同的身份证件。保安部人员还发现客房窗帘后有一密码箱，内有 10 万元的巨款。宾馆方面感到事态严重，赶紧向公安机关报告，同时设法稳住了这三个人。

经公安机关查实，这名男青年正是上海公安局通缉的在逃抢劫杀人犯，该犯一个月前在上海某宾馆用极端残忍的手段将同伴杀死，劫走 12 万元巨款后潜逃。在路上，他搭识了这两位女青年，并非法同居，没料到在该宾馆仅住了一天就落入了法网。

评析：

本案例中犯罪分子能及时被抓获，正是由于宾馆保安部主任有较强的责任心和敏感性，通过客人登记表上歪斜的“华桥商店”几个字发现了问题。这种责任心和敏感性值得饭店同行学习。

提示：

(1)饭店总台工作人员要对客人填写的登记表认真进行核对，一旦发现问题要立即向保安部报告。

(2)保安部主任要对住客情况进行了解，要时常同前台保持沟通联系，对一些可疑人员的登记表认真核对检查。

(3)一旦发现可疑人员，保安部要通过监视系统进行监控。

(4)在确认是违法人员后，要及时同公安机关联系。

案例2-2

通过口音与行为异常发现“江洋大盗”

1992年3月20日，泉州市侨联大厦进来一人，其所持身份证表明他为陕西神木县人。但在登记时服务员用闽南话同他交谈时，他居然能听懂，而且当天下雨他却戴着墨镜。此人的不正常行为引起了大厦人员的注意。此人当晚没有回店，到次日上午，他背着一布包进房后便蒙头大睡。大厦人员立即报告公安局。经查，此“客人”的布包里有国库券33万多元，存折上有存款492万元，还有大量黄金和白金。原来，此人实为福建惠安县人。21日晚该犯刚刚盗窃回来，就被抓获。

评析：

该宾馆前台服务员的责任心非常强。首先，通过观察发现，在饭店内光线不强的情况下客人仍然戴着墨镜这一反常的情况。其次，通过同客人的对话发现当地的方言他也能听得懂(一般北方的人很难听懂当地的方言)，而且在他的普通话中明显带有当地普通话的口音。正是因为该服务员警惕性高，使一“江洋大盗”在该宾馆翻了船。

提示：

(1)保安部要不断对前台的员工进行安全工作的培训，要培训他们识别犯罪分子的能力，如犯罪分子一般有些什么特征等。

(2)当前台登记人员发现一些行为反常的人员时要先稳住对方，然后及时向保安部报告。

(3)保安部在确认对方有可疑情况后，应立即同公安机关联系，并且控制可疑人员。

二、如何做好客房安全管理？

客房是客人起居的地方，也是饭店最容易发生安全问题的地方之一。客房的安全工作重点在于防火、防盗、防诈骗、防事故等。

参考方法一

服务员应当了解本工作区域内的住客情况，严格交接班手续。

参考方法二

楼层服务员要做到四勤，即勤转、勤看、勤闻、勤检查，发现不安全因素，立即处理并报告上级或保安部。

参考方法三

注意为住店客人保密，不要将客情随意告诉任何无关人员。

参考方法四

客房服务员在打扫卫生的时候，如果有访客进入房间，应礼貌地请访客在外等候。清扫完客房后，要将房门锁上。客人外出，服务员要及时进房查看，检查有无不安全因素。

参考方法五

服务员在每日清扫客房时，要注意检查客房区域和客房内的安全装置，如门锁、安全链、窥镜、闭门器、疏散指示灯等是否完好。服务员如果发现客房内有易燃、易爆、枪支弹药、化学剧毒等物品，应立即报告保安部。

参考方法六

夜班工作人员要注意来访人员是否都已离开客房，如果会客的时间已过，应报告保安部或大堂经理处理。楼层的工作人员如果发现访客在客房内留宿，应请访客前去服务台按有关程序办理手续。

参考方法七

服务员在每日打扫卫生时注意检查房内的电器、电线和插头等有无短路、漏电、超负荷使用和线头脱露等情况，如有上述情况，应及时采取措施并上报有关部门。

参考方法八

设置楼层值班服务员的饭店，要记录客人及访客进出客房的时间。这样做的目的是为了保护饭店,如果一旦发生客人失窃事件,便于分析其原因。

参考方法九

客房的工作人员如发现有可疑人员在客房区域徘徊窥察,应当有礼貌地上前询问或向保安部报告。询问时,可以问"先生/小姐,请问有什么需要服务吗"等。

参考方法十

客房部所使用的吸尘器、打蜡机、洗地毯机等电器设备发生故障时,应通知工程部维修,不要私自处理,以免发生意外。

防火墙一:设置安全警示与告示

饭店要通过各种形式向客人进行安全方面的宣传:如贵重物品请寄存;发现可疑情况报告保安部;进入客房后,要将安全扣扣上;如有人敲门,要通过房门的窥镜确认后再开门;离开房间时要将门锁上,关闭电源开关;请勿卧床吸烟;不要乱扔烟头和火柴棒等。卫生间的水龙头要用绿色和红色分别标注冷、热水,如果卫生间的地面较滑,要设置"小心地滑"的告示牌。(见图 2-3 ~ 图 2-5)

图 2-3 某酒店的安全提示图

(作者拍摄)

图 2－4　请扣好安全扣的告示

图 2－5　小心地滑的告示

防火墙二：设置客房保险箱

虽然饭店要求客人将贵重物品存放在总台的客人贵重物品保险箱内，但是客人所携带的手机、手表、首饰、笔记本电脑等，不可能在临睡觉前存放在总服务台。为了方便客人，防止客人的上述物品在客房内被窃，饭店应当在客房内设置客房保险箱，供客人临时存放一些物品。但是，饭店应当以书面形式向客人说明，客房保险箱是为客人提供临时存放物品的地方。如果客人的物品较为贵重或钱的数额较大，应使用饭店总服务台的贵重物品保险箱。

房内保险箱以数字密码型为好。使用钥匙的保险箱有两个缺点，一是客人容易将钥匙带走或丢失，二是钥匙容易被复制。由于客人有时会将保险箱的密码遗忘，在配置客房保险箱时应选购有紧急开启功能的保险箱。客人一旦打不开保险箱，可用解码器将保险箱打开。保险箱的解码器平时存放在保安部，在使用时应有客人和大堂经理在场，并由客人签字同意。

基本对策：

步骤一：如发现有陌生人在楼面徘徊，客房工作人员要有礼貌地上前询问，发现可疑人员或可疑情况应立即报告保安部，由保安部人员前来处理。

步骤二：严格管理好各级客房总钥匙，建立领取登记制度。严格按照规定使用客房总钥匙。为防止服务员在工作时将客房的万能钥匙放在工作车上，给不法分子带来可乘之机，工作人员要妥善保管所使用的各级客房总钥匙，不要乱放或遗失。

步骤三：不要为不熟悉的人开客房门。如果有人称客房的钥匙没有带，需要服务员开门，应当核实客人的身份。如果服务员一时难以核对身份，请对方亲自到前台去办理手续。

步骤四：客人结账离店时，收款处的人员要立即通知该楼层服务员及时查房，清点客房内的物品，查看有无将客房内的物品带走，检查客人有无遗留物品，房内有无留下安全隐患。如发现客人的遗留物品应及时送还给客人，如客人已离店，将物品上交领导。

步骤五：据统计，发生在客房内的火灾占饭店火灾的比例很高。客房是一个封闭的地方，在发生火情时往往不易被发现。当火情发展到一定程度形成灾害时，组织扑救就相当困难。所以，客房的日常防火工作就显得非常重要，应当将客房的防火列为饭店防火的重点。

步骤六：客房工作人员应当熟悉饭店各种安全工作预案，并不断地进行演练。

案例 2－3

饭店安全工作疏忽　坐失阻止劫机良机

1993 年 4 月 6 日，从深圳飞往北京的波音 757 型 2811 号客机载着 187 名乘客和机组人员，于上午 8 时 31 分从深圳机场起飞。上午 9 时 05 分，机舱内的两名歹徒突然持枪闯进驾驶室，挟持机长飞往中国台湾。机组人员为保障飞机和旅客的安全，于 9 时 59 分降落在中国台湾桃园机场。这一劫机事件本来是有可能避免的，由于饭店安全工作的疏忽，以致发生了这起震动世界的劫机事件。

二犯于 4 月 4 日早晨 7 时 11 分离开北京某饭店，当日入住同一房间的两位新西兰客人，在该房间抽屉内发现 13 发小口径枪的子弹、3 发防暴枪子弹。他们将子弹通过客房服务员交给了饭店保安部。但是，保安部经理却未向公安机关报告，未进行记录，不了了之，结果导致了本有可能避免的意外事件的发生。

评析：

如果饭店服务员在客人离开房间后立即仔细检查房间，就能够尽快发现情况，或者在发现子弹后保安部经理立即报告公安机关，就有可能追踪犯罪分子，该重大事件就有可能避免。所以，服务员在客人退房后一定要仔细检查客房，发现安全问题立即报告保安部，保安部经理要有安全防范意识，千万不能麻痹大意。

提示：

(1) 在客人离开房间后服务员要及时检查客房，善于发现不安全因素。

(2)一旦发现不安全的情况,保安部要进行分析研究。对于存在的安全隐患,绝不能麻痹大意。

(3)对客人进行有关安全方面的提示。

三、如何做好餐饮安全管理?

餐饮部是为客人提供餐饮服务的部门,在提供餐饮服务的过程中主要注意食品的卫生安全、防盗和防火等安全防范工作。

参考方法一

客人财物被窃事件,在饭店餐厅时有发生。因此,在餐饮服务过程中,工作人员要注意照看好客人的物品,防止丢失或被盗。尤其在自助餐厅,由于客人不时起身离桌,服务员更要提高警惕,以防客人物品被窃。

参考方法二

工作人员要随时注意观察饮酒的客人,如果发现有饮酒过量的客人,在可能的情况下有技巧地婉言劝其少饮,以免发生醉酒闹事、伤人、斗殴等意外事件。对已醉酒的客人应立即通知大堂经理和保安部,以防止意外发生。

参考方法三

对有重要客人参加的宴会、酒会或婚宴等大型活动,餐饮部要指定专人服务并注意安全工作,根据要求对食品留样备查。

参考方法四

餐饮部在下班时要指定人员将各餐厅的门窗关好,将贵重的烟、酒及饮料锁好,防止被盗。

参考方法五

厨房的管理者要坚持验收把关、餐具消毒。对入库的食品应做好验收工作,变质食品不能入库,要对库存食品定期进行卫生质量检验。食品仓库要保持清洁整齐的状态,要有良好的通风设备和健全的清洁卫生制度。对库存的食品应做到“先进先出”,加快周转,尽量缩短储存期。

参考方法六

食品生产经营人员每年必须进行健康检查,新参加工作或临时参加工作的食品生产、经营人员必须进行健康检查。凡患有痢疾、伤寒、病毒性肝炎(包括病源携带者)、活动性肺结核等传染病,化脓性或者渗出性皮肤病以及其他有碍食品卫生的疾病患者，不得参加生产、经营、接触直接入口食品的工作。

参考方法七

厨师应当保持个人卫生，在工作前必须将手洗干净，穿戴清洁的工作衣、工作帽。厨房人员要注意安全操作，严禁持菜刀等利器嬉戏打闹。

参考方法八

为保证食品的卫生与安全，严禁无关人员进入厨房和餐厅后台。

参考方法九

保持餐厅、厨房内外环境整洁，采取消除苍蝇、老鼠、蟑螂和其他有害昆虫及其滋生条件的措施。饭店应配备相应的消毒、照明、通风、防腐、防尘、防蝇、防鼠、污水排放、存放垃圾和废弃物的设施设备。

参考方法十

注意食品储存卫生管理。食品储存卫生管理的目的在于控制食品的腐败变质，消灭或控制微生物的繁殖，抑制组织酶的活动，防止不稳定物质的破坏，保持食品固有的性态，保持食品中的营养素，延长食品可供食用的期限，满足饭店供应的需要。饭店内储存食品的卫生要求主要是做到防霉、防鼠、防虫，控制温度、湿度及定期进行食品库房的清扫和消毒，减少外界因素对食品的污染。

参考方法十一

食品在仓库中的堆放方式要考虑留有足够的空隙，不可过分密集，一般应与地板、墙壁保持 20 厘米距离。各类食品应分类存放，食品与非食品、原料与半成品、卫生质量存在问题的食品与正常食品、短期存放与较长期存放的食品，以及具有异味食品与易于吸收异味的食品不能混杂堆放。

参考方法十二

注意服务过程中的食品卫生安全管理。食品的服务与销售是食品生产与服务的最后一个环节。餐饮服务员要定期检查身体，如发现患有某种传染病要立即调离。要经常对接触到食品的工作人员进行有关食品卫生的教育。

参考方法十三

饭店销售的食品应当是无毒、无害，符合一定的营养要求，具有相应的色、香、味。不得销售腐败变质、油脂酸败、霉变、生虫、污秽不洁、混有异物或者其他可能对人体健康有害的食品。饭店不得销售含有致病性寄生虫、微生物或者微生物毒素含量超过国家标准的食品。不得销售含有毒、有害物质或者被有毒、有害物质污染,可能对人体健康有害的食品。

参考方法十四

各种餐具、茶具和盛放直接入口食品的容器、工具、设备必须符合食品卫生要求,防止食品污染。

参考方法十五

各厨房人员在下班时,要严格检查煤气、水、电是否关闭,及时发现和排除隐患,在确保无异常情况后锁好门、关好窗。各岗位要指定专人负责本岗位的安全管理工作。电器、加热炉、饮食用具要由专人负责,并严格遵守操作程序。

如何预防:

防火墙一:把好采购关

为保障客人的人身安全,防止客人由于食用饭店的菜肴而引起食物中毒事件的发生,饭店要从源头上注意,把好采购关,不允许采购和使用腐败、变质、不卫生的菜肴及食品。

防火墙二:把好食品生产安全关

饭店在提供餐饮服务的过程中要严格执行《中华人民共和国食品卫生法》及各项饮食卫生的法律规定,把好食品生产安全关,严防食品中毒的事件发生。餐饮部不得使用超过保存期限的食品或食品原料。不得生产不卫生的食品和饮料。在食品生产过程中防止生食品与熟食品、原料与成品交叉污染。

防火墙三:餐厅设计要减少台阶

餐厅在设计和装潢过程中要尽量减少台阶,防止客人摔伤。有台阶的地方要用醒目的标志,或者在台阶上使用不同的颜色以提醒客人。

基本对策:

步骤一:在餐饮的服务过程中工作人员要随时留意周围的情况,以防止偷盗事件的发生。如果发现客人的衣物放置的地方不太安全,要随时提醒客人。

步骤二:客人在餐厅内摔倒,是饭店常发生的事故之一。因此,餐厅应当尽可能在开餐之前将地面的清洁卫生做好。如果餐厅或其卫生间有水迹,或者地面较滑,一定要采取措施并放置"小心地滑"的警示牌(见图2-6)。警示牌的样式与颜色要符合国家的规定,颜色为黄色,中间的图标为红色,中文为"小心地滑"四字,英文为"CAUTION WET FLOOR"字样。

步骤三:在餐饮服务过程中,要注意饮酒客人的情况。如果发现客人有饮酒过量情况出现,要用恰当的方式和语言劝客人适可而止(注意不要硬劝,以免引起客人的反感,适得其反)。对于已经饮酒过量的客人,服务员要倍加注意。适当的时

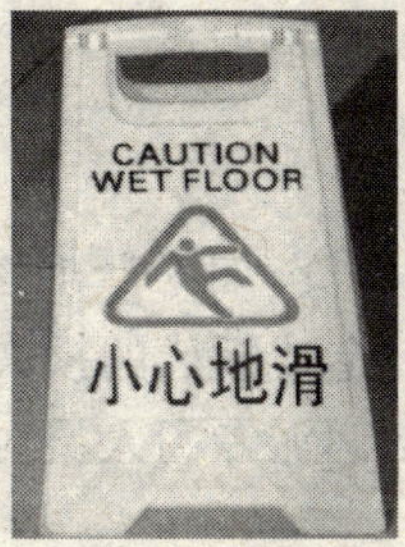

图 2-6　“小心地滑”警示牌

候要进行搀扶，以防止摔倒。

步骤四：在进行大型宴会或集会等人员众多的情况下，要保证出入口和疏散通道的畅通。

四、如何做好财务安全管理？

参考方法一

财务部要认真执行国家财务法律、法规，杜绝各种不安全事件的发生。发现问题和漏洞及时汇报并妥善处理。

参考方法二

饭店要建立、健全严格的饭店财务管理制度，控制物资采购、库存及发放。

参考方法三

财务部及现金收款员在营业结账完毕时，必须将现金、支票上交财务部专门负责人，锁入专用保险箱。店内各营业点不得存留超过规定数额的现金过夜。

财务人员去银行取送现金、支票等，要有专人护送；路途遥远的，要有专车接送，并有保安部人员护卫。未经批准，中途不得办理与此项工作无关的事。

参考方法四

财务部的各种钥匙、印章必须指定专人保管、存放，不得带出店外。办公场所及各营业点严禁存放私人现金及贵重物品。

参考方法五

每天按时清点财务部所属各独立核算单位保险柜存放的备用金，所放的备用金不得超出规定的限额，钥匙由专人携带。保险柜的另一套钥匙加封交由财务部经理保管。财务部的任何人员不得私配保险柜的钥匙,不得将保险柜的密码外传。过节放假时要与保安部配合,对保险柜加封。

参考方法六

饭店在经营中需采购大量的物资,如不严加控制,很容易出现内外勾结、营私舞弊、损公肥私、偷盗等不良行为,造成饭店的损失。财务部门应把好关,当物资进入饭店时,应由财务或成本控制部门派专门人员对货物的品种、数量、价格、质量进行验收。

参考方法七

饭店要经常对财务进行检查,堵塞漏洞,防止贪污腐败行为。严格按照财务制度管理现金、支票、账单和各种物资。

如何预防:

防火墙一:制定有效制度防止坏账

财务部要制定对客财务政策和程序,既方便客人,又要防止逃账和坏账。

防火墙二:仓库采取防盗措施

仓库管理的重点是防火和防盗,尤其防盗管理,是其安全管理的重点。仓库应当采用防盗门,窗户要有防盗措施。如果饭店的范围较大,仓库不在主楼内,应当安装红外防盗报警系统,连接到保安部。

基本对策:

步骤一:保安部要经常对饭店的各种仓库进行防窃、防火等安全工作检查。

步骤二:保安部应将饭店的各种仓库,尤其是危险品仓库作为巡逻检查的重点。

步骤三:仓库的保管人员每天下班前要进行防盗、防火安全检查,确保无问题、关闭电源后方可锁门离开。

步骤四:除库房保管员外,任何人未经批准,不得进入库房。因工作或业务需要进人库房的人员,在进入库房时要由仓库保管员陪同。

五、如何做好娱乐安全管理?

饭店的娱乐部一般包括饭店内的各种康乐和娱乐场所,有歌厅、舞厅、卡拉OK厅、夜总会、演艺厅、桑拿、沐浴、SPA等娱乐、活动、健身场所。近几年,饭店的娱乐场所发展得非常快。由于来娱乐部消费的客人素质不一,加上人员众多,而且这些场所电气设备繁多,用电量大,因此,极易发生诸如火灾、打架斗殴、赌博、吸毒、醉酒闹事、流氓滋事等方面的安全问题。

参考方法一:加强防盗管理

娱乐场所往往是一些盗窃分子的目标。2007 年北京公安机关破获了一个通过智能开锁的方式作案的犯罪团伙。这些犯罪分子在十多家桑拿更衣室作案,打开一个更衣柜的时间只需要几秒钟的时间,共盗窃价值十多万元的财物,而且不留任何痕迹。

因此,加强娱乐部的安全管理非常重要。

参考方法二:加强外包、出租场所管理

目前国内很多饭店将一些娱乐场所,尤其是桑拿、舞厅、卡拉 OK 厅等对外出租或承包,以避免管理中出现的一些麻烦。对于外包和出租的娱乐场所,饭店保安部也要重点加强管理。因为承包人员对饭店安全管理方面的知识掌握得不多,再加上一些承包人员只顾获取经济效益,往往对安全不重视,更容易发生安全问题。很多饭店发生在康乐部门的重大案例,多是由于承包人员忽视安全管理而造成的。

对于一些对外出租或承包的娱乐场所,饭店应当同承包方签订安全消防责任书。尽管如此,很多的承包方为了自己的经济效益,往往对安全消防方面仍然不是很重视。一旦发生凶杀、爆炸、抢劫、火灾等重大的安全事件,饭店也难逃其责,在声誉上也会受到一定的影响。因此,保安部也要将这些场所列入重点安全防范部位,定期对其安全管理工作进行管理,绝不能“一包了之”。

如何预防:

防火墙一:设置有双锁的物品存放箱

在桑拿、游泳、健身等活动场所,由于客人要将衣服和随身物品存放在衣物存放箱内,为防止不法分子作案,饭店应当采用有双锁的衣物存放箱。衣物存放箱应当设置在工作人员便于观察的位置。

防火墙二:设置提醒告示

《中华人民共和国消费者权益保护法》第十八条规定:经营者应当保证其提供的商品或者服务符合保障人身、财产安全的要求。对可能危及人身、财产安全的商品和服务,应当向消费者作出真实的说明和明确的警示,并说明和标明正确使用商品或者接受服务的方法以及防止危害发生的方法。经营者发现其提供的商品或者服务存在严重缺陷,即使正确使用商品或者接受服务仍然可能对人身、财产安全造成危害的,应当立即向有关行政部门报告和告知消费者,并采取防止危害发生的措施。

为防止客人在娱乐过程中发生一些安全问题,饭店应当用恰当的方式提醒客人注意有关安全方面的事宜。对一些可能危及客人人身安全的项目和服务应当向客人做出明确的警示和正确接受服务项目的说明。这些提醒告示有:游泳池的“儿童游泳时应当有成年人照看”;“不得在游泳池区域使用玻璃制品”;“禁止患有传染病或酗酒后的客人游泳”等,桑拿浴的“患有心脏病、高血压、低血压等疾病的人员以及孕妇和幼儿应当谨慎使用桑拿浴”等,健身房的“患有心脏病、高血压等疾病的人员在使用前应当征求医务人员的建议”;“使用健身器材前,请了解使用方法,以免受伤”等。

《中国旅游饭店行业规范》第十四条规定:“对可能危害客人人身安全和财产安全的场所,饭店应当采取防护、警示措施。警示牌应当中外文对照。”星级旅游饭店的各种警示应当用中、外文同时说明。如果娱乐场所有台阶,一定要设置扶手、防滑垫并设置警示告示(见图2-7)。

图2-7　小心滑倒告示及扶手

防火墙三:把好设计关

娱乐场所的设计、装修和管理一定要符合《公共娱乐场消防安全规定》的要求。娱乐场所的建筑耐火等级以及楼梯间、安全出口、走道、太平门等,均应按照国家有关规范设计装修。

防火墙四:确保娱乐设施、设备合理、安全、规范

饭店为方便客人娱乐、消遣,提供有多种娱乐设施、设备。饭店在购置、维修和管理这些设施设备时要严格按照国家的规范,采取措施,保证不造成人员在合理使用的情况下受到伤害。

防火墙五:加强泳池管理

游泳池要设置明显的水深标志,以防意外发生。要配置救生用品,并放在易于取用的地方,防止溺水事件的发生。饭店应在开放的时间安排救生人员在现场看护。

防火墙六:电器设备安装要规范

娱乐场所的电器设备较多,在安装、使用时要符合防火安全要求,严禁在舞台等场所使用铝芯绝缘导线,要做到三相平衡用电,不得超过负载,将用电量控制在额定范围内。所有的电线均应使用金属阻燃套管。

防火墙七:列入重点防范部门

将歌厅、舞厅、卡拉 OK 厅、夜总会、演艺厅、桑拿、沐浴、SPA 等娱乐、活动、健身场所列入重点安全防范场所,加强治安防范和安全消防管理。保安部要对不规范的娱乐场所限期整改,绝不能姑息。

基本对策:

步骤一:按照"谁主管,谁负责"、"谁经营,谁负责"的原则,确定娱乐部或承租的负责人为安全责任人。建立岗位安全责任制,重点加强娱乐部范围的安全管理工作。加强对员工的安全培训,提高他们的安全防范意识和处理各种突发性的安全问题的能力。

步骤二:要重点注意饮酒过量的客人,避免发生醉酒闹事、打架斗殴、跌倒摔伤等事件的发生。

步骤三:健身、桑拿等部位的工作人员不要随意回答客人诸如有关血压、心脏、某些疾病或身体不适是否可以进行健身、桑拿的问题。在此情况下,服务员应当劝阻客人使用,或者建议在进行健身、桑拿前征求专业医生的意见。工作人员要随时注意观察客人在康乐过程中的情况,如果发现客人有运动过度或不适的情况要立即报告。

步骤四:娱乐部的每个场所经营结束后,应指定专人负责切断电源,进行防火和防盗检查,确保无异常情况后方可离开。

六、如何做好要害部门和部位的安全管理?

凡发生事故、事件时能影响到全饭店正常经营的部门和部位均为要害部门和部位,包括配电房、锅炉房、电话总机房、危险品库房、电脑房等。

参考方法一

要害部门和部位的工作人员必须具备高度的责任心,明确岗位职责,严格遵守操作规程,不得擅自离开工作岗位。凡在要害部门和部位工作的人员要经过安全和消防知识的培训,做到会使用消防器材,掌握各种应急措施。

参考方法二

所有的要害部门和部位严禁吸烟,严禁携带火种进入配电房、电脑房、危险品库房等场所。锅炉房、配电房、冷冻房的工作人员须严守岗位，严格按各自的操作程序工作。电工和司炉工等工种的操作人员，必须持有专业合格证书。电脑房的工作人员不得将外来磁盘、U盘和移动硬盘等插入电脑内使用，以免染上病毒，给饭店带来不良后果。

参考方法三

保安部要在要害部位设置明显的安全警示标志并配置足够的消防器材。要害部门要执行安全岗位责任制，将安全责任落实到人，要建立班前、班后检查制度和交接班制度，确保安全。保安部要定期对要害部门和部位进行安全检查，发现问题要立即督促整改，并上报有关领导。

如何预防：

防火墙一：设置防雷装置

主要的电气设备、移动电器、避雷装置和其他设备的接地装置，每年至少进行一次绝缘及接地电阻的测试。

防火墙二：要害岗位的人员要持证上岗

电工、高压锅炉的司炉工等，必须经过有关部门培训，考试合格领取证件后方可独立上岗。

防火墙三：建立应急机制

饭店的要害部门和部位是饭店的心脏，必须保证全天候地运转，如果发生安全问题对饭店的影响很大。所以，饭店应当建立一套应急机制。只有建立了应急机制，才能在发生问题时临危不乱。

基本对策：

步骤一：未经有关领导批准，外来人员（包括学习、参观、施工人员等）禁止进入配电房、锅炉房、电脑房等重要部位。经批准进入的人员，必须办好登记手续，由值班人员负责陪同。未经所属部门经理或主管批准，非该区域的饭店员工不得进入要害部位。

步骤二：锅炉房、配电房、油库等部位是防火、防爆的重点，要建立严格的安全管理制度、操作规程和岗位责任制，并严格执行和逐人逐项落实。注意防止起火和爆炸事件的发生。

步骤三：配备足够的消防器材。一旦发生电气设备火灾，首先切断电源。在带电的情况下，可用二氧化碳和干粉灭火器扑救。但应注意不要让人身的任何部位接触带电体，并注意通风。电气设备断电后的扑救方法和其他火灾相同。

步骤四：定期检查各种绝缘器材和消防器材，使之处于使用方便、性能良好的状态。

步骤五：饭店的要害部门和部位要严禁明火作业。如需要动用明火，必须经保安部的批准，并采取相应的措施。

七、如何做好工程、设备安全管理？

饭店工程、设备安全管理的重点是，防火、防爆、防盗、防突发事故等。

参考方法一

饭店工程设备众多，工程设备的安全与否涉及整个饭店的正常运转。因此，饭店要重点注意维护、保养好各种设施设备，建立、健全其安全操作规范。

参考方法二

饭店工程部的人员必须经过安全、消防培训并要进行考核才能上岗。此外，保安部还要对他们进行经常性的安全、消防教育和培训工作。

如何预防：

防火墙一：把好设计关

饭店在设计阶段就要注意，尽量避免存在安全隐患，如客房应当用实体的墙面将两个房间的壁橱分开，而不要简单地用木质夹板分割，以免不法分子从对面的房间用破橱行窃的方式进行盗窃；饭店在建造时注意其外墙的立面不要留下方便不法分子攀爬的突出物；各种设施、设备的设计要符合国家的安全和消防规范，等等。

防火墙二：把好选购关

饭店设备质量的好坏直接影响饭店运转、管理的安全。所以，饭店应当严格把好采购关，选用优良的产品，避免饭店在运转中发生安全问题。

饭店设施、设备、器材、产品的质量与饭店安全管理有很大的关系，以客房的电子门锁为例，其质量好坏直接关系客人的人身安全和财产安全，关系饭店管理和服务的质量和档次。据调查，有的饭店购买电子锁后不久即出现各种问题，有的甚至不得不重新更换。

如何把好工程设备的选购关呢？选择设施、设备、器材、产品时除了要注意外观美观、方便、可靠、耐用等，以下几点供饭店参考：

1. 选择品牌产品。正如一般家庭都选择购买品牌电器产品一样，选择品牌产品很重要。因为品牌较好的饭店设施、设备、器材、产品等一般是生产厂家针对使用中出现的问题，不断完善，投入了很强的专业技术而形成的。品牌产品厂家积累了长期的经验，具备较强的实力。

2. 多咨询比较。任何厂家推销产品,都是扬长避短,而一般的饭店对设施、设备、器材、产品等都一知半解,尤其是新建的饭店更是如此。所以,准备选购设施、设备、器材、产品的饭店,应当多咨询比较。最好的方法是请厂家提供用户名单,同这些已使用该产品的饭店咨询。凡用户多的产品其质量一般比较好。但是,也不能仅依靠用户名单。有的厂家的用户名单会有不实。

3. 直接与厂家联系。饭店在选购设施、设备、器材等产品时,应当直接与厂家联系。除了价格因素外,同厂家直接联系的好处是售后服务有保障。有的公司将厂家的产品买来组装卖给饭店,一旦公司变更,饭店的系统无法保证安全运转。

4. 请生产设施、设备、器材的厂家提供有关文件。饭店在选购设施、设备、器材等产品,如电梯、电子门锁、锅炉消防报警、水喷淋等产品时,应当要求对方出示中华人民共和国公安部的"检测合格报告"、生产单位所属地区公安局技防办的"许可证"、生产厂家的产品的"合格证"等正本文件。如果是进口产品,对方应当提供"产地证明书"、中华人民共和国商检局的"商检合格证"、中华人民共和国海关的"海关进口货证明书"、中华人民共和国海关的"进口货物报关单"放行联、中华人民共和国海关的"进口货物关税单"等正本文件。

防火墙三:把好施工安装关

饭店在施工过程中,要严格按照国家的有关标准,不能偷工减料。如安装电气设备必须由专业电工按规定进行;新增加或更换电气设备要经过主管部门、技术部门和安全部门共同检查,合格后方能通电使用;电线穿过墙壁、地板或与其他物体接触时应用瓷或金属的套管加以隔绝;在其他部位增设新的线路,如不用金属套管,必须使用铅皮或胶皮电缆线。所有电气设备的安装及线路敷设应符合规定,在设计增添大的电气设备及线路时,必须经过有关供电、消防部门审核同意,方可进行施工安装。

防火墙四:有关工程人员要持证上岗

工程部的有关人员,如电工必须经过电业部门考核取得证书,司炉工必须取得相关证书后才能进入相关的岗位。未获得证书者不得单独操作。电工要严格执行电工手册的规定,高标准地进行各种安装与维修工作,不得违反操作规程。要规定电工有权拒绝安装不符合规定的电气设备或者在不符合要求的场所安装电气设备。

防火墙五:加强动火管理

保安部要明文规定,工程部在饭店的任何部位动用电、气焊等明火作业必须经本部门领导同意,并向保安部申报,领取动火证后方能作业。动火现场必须配备灭火器材,危险性较大的地点要设专人现场监视并采取可靠的防火措施后,方可动火操作。

基本对策：

步骤一：电器设备安全的重点要放在电气设备的维修、保养、更换和检查工作上。饭店应当建立一套维修、保养、更换和检查的制度。

步骤二：电工要认真学习掌握电气安全知识和国家有关电气规范及操作规程，严格执行电气安装操作规程和电器消防安全管理制度。各种电器设备和线路不准超负荷使用。接头应牢固，绝缘要良好，不得使用不合格的保险装置。

步骤三：维修电器设备，进行用电作业时必须由专业电工按规定操作。

步骤四：定期检修电气设备和线路，发现可能引起火花、短路、发热及电线损坏等情况的，要立即修理。经常检查工程各部件的功能情况，发现问题要立即采取有效措施，并及时修复。

步骤五：在饭店的任何部位安装、修理电气设备时，要将电闸拉下，并有专人守在电闸旁，等修理完毕，确认无危险后才能推上电闸，防止触电事故的发生。

步骤六：配电房的电器设备的各种安全保护装置必须保证完整、准确、灵敏和有效，变压器和电缆等处不得漏油。配电房内应保持清洁、干燥，要有良好的通风。门和窗户以及出线孔等处必须严密，防止小动物进入，破坏电器设备或咬坏线路。各种电器设备应定期进行检修、保养。

步骤七：火灾报警装置、自动灭火装置、事故照明等消防设施的用电，应备有应急电源；消防设施的专用电气线路应穿管敷设在非燃烧体结构上，并应定期进行维护检查，以保证随时可用。

步骤八：饭店的木工和油漆工工作点要严禁烟火，并在明显的地方设置“禁止烟火”的标志牌。

步骤九：工程部每天应当指定人员将各工作点的刨花、锯末屑以及油漆布、废纸、油丝等可燃、易燃物清扫干净，倒在指定地点。

步骤十：工程部各工作点不得存放过量的木材、油漆、松香水等易燃材料。各工作点在下班前必须切断电源，要认真检查，确保无问题后，关好门窗方可离开。

步骤十一：工作间不准私自乱拉电线，增强照明灯。机器设备的电机应为防爆式、密封式，防止木屑等落进电机损坏线圈绝缘，造成短路起火。要经常清除电机上积存的杂物。电机附近不能放可燃易燃物品。机械设备的传动部位要经常检查加油，不能缺油干转。

步骤十二：工程部的员工要经过安全消防与处理突发事件的培训，所有员工必须掌握本岗位的有关安全知识，才能上岗工作。

模块三
饭店常见事故、事件的预防与处理

一、如何预防饭店的事故？

预防事故的发生是饭店永恒的主题。饭店在经营管理活动中，如果对各种潜在的危险因素缺乏充分的认识，或者虽有认识但没有采取有效的预防、控制措施，这种潜在的危险就会显现，造成诸如盗窃、凶杀、抢劫、火灾、中毒、爆炸等人身伤害和财产损失。这类血的教训，在国内外饭店业并不罕见。

饭店安全管理工作至关重要，是饭店一切经营管理活动的基础。从整个饭店行业的经营管理实践来看，要想在饭店业的经营活动中完全避免各种安全事故的发生还难以做到。但只要饭店对安全工作予以重视、尊重科学、措施得当，事故是可以预防和大大减少的。

参考方法一：建立新员工培训制度

饭店的安全管理工作，涉及饭店的各个部门、各个工作岗位和每位员工。在饭店安全管理的实践中，要做好饭店的安全管理工作必须依靠全体员工的共同努力。这就需要对员工进行安全培训教育工作。首先，饭店要建立新员工的入店安全培训制度。要求新员工掌握工作中本岗位基本的安全知识。如发现火灾应当做到会报警、会灭火、会正确疏散客人等。只有通过安全培训，并经考试合格后才能上岗工作。除了对新员工进行培训，饭店还应当根据饭店业出现的新问题对相关岗位的员工进行定期和不定期的安全培训。安全管理的培训要结合饭店业的实际情况，可通过一些发生在饭店的案例对员工进行培训，这种培训不但生动易懂，更能使员工牢记。

参考方法二：树立全员安全意识

饭店要做好安全工作绝非易事，仅靠一个保安保卫部门是远远不够的。只有加强培训工作，树立全员安全意识，使饭店人人都成为保安员，饭店的安全工作才能真正得到保障。这里所提到的“全员”，不仅仅是指饭店的员工，而是包括饭店各级管理人员在内的所有工作人员。在一些饭店，凡提及进行安全培训，管理人员便认为是员工的事，这种观点是不正确的。从一些饭店出现的安全事件来看，往往是从上到下出现了一系列的问题，才致使事故发生。如上海某星级酒店发生的凶杀案，犯罪分子在行凶抢劫之前的近三小时内曾七次上下电梯，往返于客房楼层和大厅之间，见未引起任何人员的注意，最后才进入客房将客人杀害。

参考方法三：对员工进行法制教育

饭店还要加强对员工的职业道德和法纪法规的教育。从一些饭店发生的安全事件来看，很多都与饭店员工有关。饭店应当不断对员工进行法制教育培训，使员工提高自身的修养。

如何预防：

防火墙一：健全安全管理制度

根据本饭店的实际情况，制定一套饭店安全工作程序和管理规章制度。饭店的安全管理制度包括各部门、各岗位的安全管理制度和安全操作程序。

防火墙二：加强安全巡查

饭店的保安部要加强对客房楼层、重点部门、要害部位及饭店一些主要场所的巡逻，及时发现并排除各种不安全因素。

防火墙三：加强出入口控制

对饭店的各出入口进行控制，封闭不常用的出入口。对于消防上必须开通的出入口，可安装单向防盗火灾疏散门。在疏散出口处设置一个闭路电视监控摄像头，如该出入口光线不强，可以安装红外摄像头。

防火墙四：采取“四不放过”原则

饭店应当对发生的安全事故、事件采取“四不放过”原则。即：不查出原因不放过；不采取措施不放过；不处理当事人不放过；广大员工没有受到教育不放过。对于那些在安全工作中做出成绩的人员要给予表彰，对造成安全事故、事件的人员必须严肃处理，绝不能姑息。

基本对策：

步骤一：饭店的任何员工发现形迹可疑人员在饭店或非住店客人在客房楼层徘徊，要主动上前以是否需要提供服务或帮助为由进行询问。在询问时要有技巧，要注意方式方法。如一时难以询问，及时报告上级或保安部。

步骤二：在考核时，饭店应当将各部门的安全工作作为重要内容。各部门在进行工作安排和业绩评估时，将饭店的安全管理纳入其中，做到三同：同布置、同检查、同评估。

步骤三：建立饭店应急预案。2006 年 1 月 8 日，国务院发布了《国家突发公共事件总体应急预案》（以下简称《总体应急预案》），作为国家总体的安全预案，应对突发公共事件的发生。总体预案共 6 章，分别为总则、组织体系、运行机制、应急保障、监督管理和附则。《国家突发公共事件总体应急预案》规定了国务院应对特别重大突发公共事件的组织体系、工作机制等内容，是指导预防和处置各类突发公共事件的规范性文件。编制总体预案的目的是为了提高政府保障公共安全和处置突发公共事件的能力，最大限度地预防和减少突发公共事件及其造成的损害。总体预案将突发公共事件分为自然灾害、事故灾难、公共卫生事件、社会安全事件四类。按照各类突发公共事件的性质、严重程度、可控性和影响范围等因素，总体预案将其分为四级，即Ⅰ级（特别重大）、Ⅱ级（重大）、Ⅲ级（较大）和Ⅳ级（一般）。国家的《总体应急预案》在“责任与奖惩”一节中明确规定，“突发公共事件应急处置工作实行责任追究制”，“对突发公共事件应急管理工作中作出突出贡献的先进集体和个人要给予表彰和奖励”，“对迟报、谎报、瞒报和漏报突发公共事件重要情况或者应急管理工作中有其他失职、渎职行为的，依法对有关责任人给予行政处分；构成犯罪的，依法追究刑事责任”。国家的《总体应急预案》强化了行政问责机制，这样有利于有关部门在公共事件发生之后及时介入，将损失控制在最小范围内。

近些年来，无论是国际还是国内各类突发性安全事故、事件不断发生，如何科学应对和及时、有效地加以处置，是目前所有饭店必须面对的一个课题。饭店除了容易发生盗窃、抢劫、凶杀、爆炸、火灾、死亡等事件，还会有各种自然灾害发生。特别是现代化建设进入新的阶段，改革和发展处于关键时期，随着饭店快速的发展，豪华饭店、大型饭店越来越多，各种新情况、新问题层出不穷。为了避免重大安全事故、事件及各种自然灾害和突发性社会安全事件的发生，饭店应当参照《国家突发公共事件总体应急预案》，根据本地区本饭店可能出现的各种突发性安全事故、事件，制定一套适合本饭店情况的应急预案。这对于提高预防和处置突发事故、事件的能力，预防和减少各类突发安全事故、事件及其造成的损失，保障饭店以及客人和员工的生命和财产安全，保持饭店可持续发展，具有十分重要的意义。

步骤四：建立饭店应急指挥系统。为了更好地做好饭店安全工作，防止饭店内出现各种事故、事件，或者一旦发生各类突发情况，能快速、有效、及时地进行处理，保护饭店、客人及员工的生命财产安全，最大限度地避免和减少人员伤亡，减轻财产损失，饭店应当建立自己的应急指挥系统——饭店应急指挥领导小组，并制订符合本饭店情况的应急指挥方案。

按照国家的有关规定，饭店的应急指挥领导小组由总经理担任总指挥，副总经理、驻店经理、保安部经理担任副总指挥，组员由各部门安全责任人组成，负责本辖区内的现场指挥和协调工作。

饭店一旦发生突发性安全事故、事件，应急指挥领导小组即成为临时应急指挥部。一般来说，指挥部设在饭店的消防总控室（根据饭店的情况而定）。如遇爆炸、食物中毒、度假村分散的小楼发生火灾等情况，应急指挥部一般设置在现场。

在饭店发生突发性安全事故、事件时，要确保通信的畅通。通信工具由手机、对讲机和固定电话组成。饭店应当在平时准备一份饭店应急指挥领导小组成员的联络名单，应急指挥领导小组成员应保证联系畅通，有手机的，届时保证处于开机待命状态。总机房要保证通信的畅通。

当发生各类突发事件后，饭店各部门的负责人要按照平时的职责和任务及各类应急预案的规定，负责现场指挥，并在第一时间及时向上级汇报。采取有效果断措施，阻止事态的扩大和蔓延，并与饭店领导保持联系，及时汇报现场情况。

步骤五：饭店应急指挥领导小组在履行职责时，要加强统筹协调和主动配合意识，快速、准确地处理各类情况，提高工作效率，减少损失。饭店发生的各类事故往往涉及社会上的众多部门，饭店应当在平时将这些部门的应急联络方式用书面的形式记录下来，以便发生情况时能够及时联系，将损失降至最低。如当地派出所、电力抢修部门、燃气抢修部门、自来水抢修部门、交通事故部门、卫生防疫（食品中毒）部门等。

二、客房常发生哪些案件，如何预防？

客房是饭店发生安全事件较多的场所之一，尤以盗窃和抢劫等案件最为普遍。客房盗窃和抢劫案件不但造成客人的财产损失，还会使饭店的名誉受损，直接影响到饭店的客源。

发生在客房的盗窃案件有以下一些类型：

手段一：同室盗窃

如2007年5月，河南一家饭店的客人随身携带装有大量现金的手提箱，放在房内仅几小时，即被同房间的另一客人盗走。

手段二：使用插片的方式开门

用冲、撞门等方法进入客房不但费力，而且会发出声响，风险很大，尤其是在一些高档的饭店这种情况几乎不太可能发生。所以，不法人员常使用一张卡片，采用插片的方式将客房门锁打开，进行盗窃。如果饭店客房的门锁不是很好，采用此种作案手段就更容易。如2007年5月，江西一家饭店客房被盗就是犯罪分子用一张电话磁卡大小的塑料卡片插入门缝，顺着锁舌往里推入，拨开锁舌进房行窃的。

手段三：偷配钥匙

作案者在饭店开房住宿后，偷配一把该房间的钥匙，然后退房。待该房间住入新的客人后，案犯再伺机进房行窃。2006 年 12 月，湖北省南漳县公安局抓获两名专门偷配饭店钥匙作案的流窜犯。他们住进饭店后，便将房间的钥匙拿到街上配制，然后借口调换房间，待原房间再住进客人后，乘其外出之机，用偷配的钥匙进房作案。

手段四：骗取服务员开门行窃

作案者来到客房楼层，对服务员谎称钥匙或房卡一时寻找不到，或在另一住客手中，让服务员打开房间，进行偷盗。

手段五：混入房内盗窃

有些作案分子在楼层徘徊，发现房内的客人一时外出房门未锁，或者客人在套间内，便乘机进房盗窃。

也有的作案分子乘服务员在客房内打扫卫生时，谎称是该房间的客人，进入客房进行盗窃。如 2006 年 4 月，无业人员陶某结识了一家消防器材厂的供销人员，自称是某厂的供销员，骗得订货会请柬。4 月 14 日陶某凭请柬住进了无锡某宾馆 423 房间。夜间，陶某逐一试推宾馆客房门，由于 420 房间门未锁上，陶某进房大肆行窃。这一切被宾馆的安全闭路监控室的安全员发现，立即通知人员前去，当场将其抓获。

手段六：在房门上做手脚

犯罪分子趁服务员在打扫卫生，客房门处于打开的状态，用一块橡皮状的物品塞入门框的锁眼内。服务员打扫完卫生将客房的门关上后，由于锁眼内塞了异物，锁的舌头并没有完全进入锁眼内，为入室作案带来了便利。还有的犯罪分子边走边吃口香糖，如果发现服务员在客房内搞卫生，房门开着，便将口香糖粘在客房的门框上。房门由于被口香糖给卡住了，所以门锁的舌头并不能完全进入门锁的锁眼里，给犯罪分子打开房门带来了便利。

手段七：躲藏在房间内行窃

犯罪分子在开房后，一人躲藏在房间内（如客房走廊顶部的吊顶内），另一人退房，待再有客人入住后，便伺机行窃。如 2006 年浙江某饭店发生客人大量现金和贵重物品在客房内被窃案，破案后犯罪分子交代了这种作案的手段。

手段八：翻窗入室行窃

2007 年 5 月的一天早晨，西安某饭店内国际旅行社组团的新加坡客人和全陪的客房同时发生夜间盗贼入室行窃的案件。这天清晨当客人醒来时，发现房间内的旅行箱和一些衣物失窃。经查，这些行李和衣物散落在客房窗外狭窄的平台上，很显然，作案分子是顺着窗外狭窄的平台爬到窗下撬窗入室行窃的。

手段九：高智能犯罪

如犯罪分子开房后，用接驳器将客房电子门锁内的资料调出，然后进行解码，从而制出饭店客房的电子门锁钥匙。

手段十：骗取客人开门进行抢劫

作案者往往谎称是公安机关进行查房，或者饭店的服务员或者其他部门的人员骗开房门进行作案，如 1993 年西安长安城堡大酒店发生的抢劫杀人案和 1998 年 12 月上海锦江宾馆发生的入室抢劫杀人案等（详见所附案例）。

手段十一：尾随客人入室抢劫

犯罪分子发现单身入店的客人，尾随其后。当客人拿出钥匙开门进入房间后，即尾随进入客房，进行作案。这种作案手段所产生的后果往往较为严重，如 2006 年北京某五星级饭店、江苏南京某四星级饭店、陕西西安某三星级酒店和河南三门峡某酒店都发生过类似的作案情况。

手段十二：利用客房进行诈骗活动

犯罪分子利用饭店（尤其是高星级的宾馆饭店），从事诈骗活动。受害者往往认为对方是住在宾馆饭店，放松了警惕性，从而上当受骗。

如何预防：

防火墙一：不将互不相识的人员安排在同一房间

同房间的人员进行盗窃的案件，多见于一些低档次的饭店。为避免同室盗窃案件的发生，饭店应按房间出租。尤其是星级旅游饭店，不要将互不相识的客人安排在同一个房间，因为国家明确规定旅游饭店只能按房间出租，不能按床位出租。

防火墙二：认真核对客人的身份

服务员在打扫客房的卫生时，如果有人声称是该房间的客人欲进入客房，或者有人声称是某房间的客人，要求服务员开门时，服务员应当要求客人出示该房间的房卡。当核对无误后，方能开门。

防火墙三：加强对客房楼层的巡逻

饭店应当安排保安人员对客房的楼层进行不定时的巡逻。巡逻的重点是注意有无可疑人员和不安全的情况。如发现客人没有锁房门，保安人员或服务员应当主动替客人锁上，并予以提醒。

防火墙四：严格遵守安全工作程序

到目前为止，绝大多数的饭店都有较健全的客房安全工作程序。在日常工作中，服务员应当严格遵守有关的工作程序进行操作，如在打扫卫生时，应当将工作车横放在客房的门口等。从一些饭店发生的案例来看，往往是员工没有遵守饭店的操作规程，给不法分子带来可乘之机。

防火墙五：提醒客人注意安全

饭店应当通过各种方式提醒客人注意安全，如在“住客须知”中告诫客人注意安全，或者在客房的门背后注上“为了您的安全，请确认来访客人”，“为了您的安全，请随手关门”的警示标志（如图 3－1）。

图 3－1　警示标志

基本对策：

对于客房内的盗窃、抢劫等事件，应当立足防范，做到以防为主。饭店应当从加强内部安全管理与配备相应的设施设备着手，将防盗窃、防抢劫等工作落到实处。

步骤一：对员工进行安全意识的培训。从一些饭店发生的盗窃案来看，很多作案者利用了员工的麻痹大意、安全意识不强而乘机作案。饭店应当利用本店，或者其他饭店发生的一些实际案例对员工进行安全意识的实例培训，使他们认识到客房安全工作的重要性与艰巨性，做到既是服务员也是安全员。

案例3-1

服务员麻痹大意，开门揖盗

盛夏的一天，南京某四星级饭店客房楼层匆匆走来一位男子，他身穿短裤，满头大汗，双手抱着大西瓜。他转过身，请服务员替他拿取放在裤子后面口袋内的房间钥匙开门。服务员看到该男子裤后口袋内是有钥匙状的物品，但伸手去拿不是很方便。于是，她就用自己使用的客房总钥匙打开了房门，并说了声“请”，让对方进了房间。当天傍晚，住在该房间的客人回来后，发现装有大量现款的密码箱丢失。

评析：

服务人员在任何情况下都要提高警惕。随着社会上各种作案手段的增多，一些犯罪分子将目标瞄准了宾馆饭店。类似本案例中骗取服务员开门的案例，在饭店业时有发生，有的谎称钥匙未带，有的谎称在同房的另一人手中，等等。因此，楼层服务员必须按照规定程序，要求客人出示房卡并且确认后，方可替客人开门。

提示：

(1)保安部要经常通过一些类似上文作案情况的案例，对员工培训，使他们随时保持一定的警惕性。

(2)服务员在工作时，如果遇到不认识的人员要求开客房的门，在没有核实其身份的情况下，不能替他开门。

(3)如果客人称房间的钥匙没有带，而服务员又不能确认其身份，应当请他到总服务台办理手续。

(4)如果有可疑的人员在楼层徘徊，或者要求服务员开门，服务员应当及时将情况汇报保安部。

步骤二：对员工进行素质教育。除了外来人员作案外，饭店员工由于在日常工作和服务过程中，常有机会接触客人的财物以及饭店的各种财物，如果饭店教育不到位，管理不严，一些自身修养不高的员工也很容易进行偷盗，或内外勾结作案。饭店应当不断对员工进行教育培训，以拥有一支高素质的队伍。

步骤三：加强内部管理。饭店应当建立健全各种安全规章制度，加强内部的管理。如上班时不得脱岗；不得随意进入客人的房间；不得将客房的万能钥匙交给他人；不得同客人进行任何有关商务的活动，等等。

步骤四：设置客房保险箱。饭店，尤其是高星级的饭店应当在客房内设置房内保险箱(见图3-2)，供客人临时存放一些贵重物品。(为防止不法分子作案，客房用的保险箱要采用数字式的，不要采用机械钥匙的)同时，饭店还应当在房内的提示上加以注明，要求客人将贵重物品存放在总服务台处的客人贵重物品保险箱内。

图3-2 客房保险箱

步骤五:在前厅处设置客人贵重物品保险箱。为保护客人贵重物品的安全,无论何种类型、何种等级和规模的饭店,都应当设置客人贵重物品寄存箱。这不仅是我国的法律和法规的规定,也是国际饭店业的惯例。我国《旅馆业治安管理办法》第七条规定:“旅馆应当设置旅客财物保管箱、柜或者保管室、保险柜,指定专人负责保管工作。对旅客寄存的财物,要建立登记、领取和交接制度。”《旅游饭店星级的划分及评定》国家标准,对不同星级的旅游饭店的贵重物品保险箱的设置提出了不同的要求,但基本都考虑了客人贵重物品的安全及保护客人的隐私,如三、四星和五星级饭店设置贵重物品保险箱的要求是:“有饭店和客人同时开启的贵重物品保险箱。保险箱位置安全、隐蔽,能够保护客人的隐私。”《中国旅游饭店行业规范》第十七条规定:“饭店应当在前厅处设置有双锁的客人贵重物品保险箱。贵重物品保险箱的位置应当安全、方便、隐蔽,能够保护客人的隐私。饭店应当按照规定的时限,免费提供住店客人贵重物品的保管服务。”

为防止客人贵重物品失窃,饭店应当在前厅处设置客人贵重物品保险箱,用以保管客人的贵重物品。如果饭店不能提供客人贵重物品保险箱而导致客人的贵重物品在客房内被盗,将承担相应的法律责任,并有可能赔偿客人的损失。

但是,有些饭店设置的不是饭店专用的客人贵重物品保险箱,而仅在总台处安置一普通保险箱(柜),这是不符合国家的有关规定的。饭店的贵重物品保险箱应当是双锁的保险箱。

步骤六:使用有防撬、防插片和提示客人锁门等功能的电子门锁。由于机械门锁在安全防范管理上难度较大,存在的问题较多,容易给不法分子可乘之机,有条件的饭店应当使用电子门锁。先进的电子门锁能在饭店安全管理中起到很重要的作用。区别于传统的机械锁,电子门锁一般不用金属钥匙,它使用方便,安全、可靠,保密性极强。

针对犯罪分子用卡片插入门缝,顺着锁舌往里推入,拨开锁舌进房行窃的手段,饭店应当使用多舌防插片功能的电子门锁系统;为了防止客人进房后或者离开房间时,没有将客房的门锁死,饭店应当使用具有“房门未锁”提示功能的电子门锁。

步骤七:安装闭门器。安装闭门器是客房防盗行之有效的措施之一。安装闭门器以后,无论客人是在房内或离开客房,房门都会自动关上。

步骤八:安装防盗链。《中国旅游饭店行业规范》第十二条规定:“为了保护客人的人身和财产安全,饭店客房房门应当装置防盗链、门镜……”防盗链又称防盗扣或安全扣,在饭店客房防盗、防抢中能起到很好的作用。

步骤九:安装门镜。门镜又称为窥镜,能有效地防止不良分子冒充饭店工作人员,骗客人开门入室作案。

步骤十:在楼层安装紧急报警系统。为应对楼层及客房内突发事件的发生,在发生重大盗窃案件时,保安部人员能以最快的速度赶到现场,饭店可以在楼层某个部位(如服务台下)安装紧急报警系统。一旦发生紧急情况,楼层服务员可以立即通过紧急报警系统向保安部报警。

步骤十一:在设计、建造阶段充分考虑安全问题。饭店在建造时,要充分考虑一些安全防范方面的问题,从源头上杜绝安全隐患。如客房的窗下不要留有小平台(如果已经建成,可以安装红外防盗报警装置。只要有人在窗外出现,防盗报警装置就立即报警);在两个客房的壁橱中间不要使用夹板,以防止不良分子从隔壁的房间将壁橱的隔板划破入室作案。

案例3-2

西安长安城堡大酒店抢劫杀人案

1993年6月初,渴望一夜暴富的广西桂林人海亭、曹修德预谋外出实施抢劫。他们将目光聚集在了日本游客身上,他们认为日本人有钱,身上喜欢带现金。商定后,两人决定到西安去下手。定下的原则是:没钱,就不杀人;有钱,就把人杀掉,死无对证,这样比较安全。

同年6月7日晚9时许,他们来到西安南门外的长安城堡大酒店,伺机作案。十几分钟后,一个日本旅行团下榻该酒店,车上下来的多是些老年人。在该旅游团中,日本游客奥泽多美子和她的两个哥哥杉山楚一郎、杉山力以及姐姐阿部妇美等四人也在其中。

海、曹二人看着旅游团办完住宿手续,尾随他们登上电梯。客人住在六楼,他们跟着客人在六楼走出电梯。他们注意到两个日本老人住进了离电梯最近的638房间。他们下到一楼,坐在大堂的沙发上观察着酒店的动静。见没有引起任何人的注意,经过一番商量后,他们再次来到六楼。

在638房间,77岁的杉山楚一郎刚刚放下打给妹妹阿部妇美的电话。大妹约他一起到楼下的商品部去转一转。这时,杉山楚一郎听见门铃响了,门外有人用日语自称服务员叫门。客人想也没想就去开门。突然,一胖一瘦两名歹徒用力推开门，手里攥着刀子冲了进来。“把钱交出来！”曹修德一边用日语命令两位客人，一边用手将电视的音量调到很大。曹、海二人将两个老人按在床上，用胶带绑了他们的手脚、封住了他们的嘴巴。海亭翻二人身上的现金，曹修德翻查他们的行李箱。他们从客人的旅行袋里和皮带内侧的暗兜里搜到大量的日圆。

正在这时，门铃突然响了。这是四兄妹中的大姐阿部妇美敲门，此时，海亭猛然打开门，没等阿部妇美回过神儿来，海、曹二人迅速将阿部妇美拉入房间，曹修德马上扑过来，用胶带封住阿部妇美的嘴，用皮带将其捆绑。随后，海亭将杉山楚一郎和阿部妇美带入卫生间实施抢劫并用裁纸刀将二人杀死；曹修德在房间用相同的方法将杉山力杀害。海、曹二人共抢走3名被害人20多万日圆后逃走。

6月8日上午，奥泽多美子发现姐姐和两个哥哥被歹徒杀害在宾馆内，身上的财物也被洗劫一空，立即报案。

案发当天，日本驻华使馆马上就派一名二秘赶到西安，数以百计的中外记者将这起骇人听闻的凶杀案传到世界各地。6月17日，伤心欲绝的奥泽多美子回到日本后，因心脏病发作去世。日本《读卖新闻晨刊》等媒体发布了这条新闻，引起全日本的广泛关注。

西安城堡大酒店3名日本游客被杀的案件，震惊了全国，引起公安部的高度重视，被公安部列为当年全国第一大案。此案也引起中央的关注，中央要求不惜一切代价迅速破案。

西安市公安局当即组成了近百人的专案组。走访调查中，酒店大堂保安提到，6月7日晚，这个日本旅行团抵达酒店时，有一胖一瘦两个年轻人在大堂里出现过。可是，酒店是个人来人往的地方，摸排调查尽管极尽详细，这一胖一瘦二人却没能进一步显山露水。

原来，案发的当天，两人迅速离开了长安城堡大酒店，在环城东路的垃圾箱里烧掉了血衣，曹修德决定让海亭坐火车连夜离开西安，自己则再在西安住两天。三四天后，曹修德回到桂林，在海亭的家里见了面，分了赃。

尽管歹徒对现场进行了细致的破坏，但是公安机关还是在卫生间内侧门锁锁柄上方发现几丝很浅淡的红丝纹。经技术处理，食指斗形血清指纹完整地显现出来。

此后的一年中，尽管公安机关做了很多努力，但案件却始终没有取得进展。

1994年，适逢公安部要求各地公安机关建立指纹档案库，西安警方将1993年“6·8”案件列为重点比对案件；2002年公安部建立了全国未破杀人案件指纹库，西安方面立即将此案指纹报送上网，张网以待。公安部门虽然全力以赴对此案进行侦破，但竟拖延了长达11年之久没有结果。

2001年4月1日，桂林市公安局民警抓了街边烟摊边的一窝赌徒。警方留下了他们的指纹信息，其中一人就是海亭。2004年7月4日，广西一民警在比对一枚现场指纹时，突然眼前一亮，发现西安1993年“6·8”案的一枚现场指纹与正在比对的一枚指纹极为相似。资料显示，这枚右手食指指纹来自于桂林市将军路2号一个名叫海亭的青年。

这一重要的破案信息以最快的速度通报到广西公安厅，公安厅立即将比对结果上报公安部。得到公安部通报的当天，陕西警方一行8人就飞抵桂林，与桂林警方共同制订寻找、抓捕海亭的方案。

2004年7月9日，由桂林民警组成的抓捕小组得到确切情报：海亭在桂林市东安街一个娱乐室出现。指挥部下令，立即实施抓捕。9日晚，杀人凶犯海亭被广西桂林警方在桂林抓获，当晚，经过18个小时的艰苦审讯，海亭开始交代犯罪经过。7月10日零时20分，海亭交代出同伙曹修德。一小时后，家住桂林市中山南路26号的曹修德在家中被抓获，这起长达11年的沉案告破。

三、餐厅常发生哪些安全问题，如何预防？

餐厅是饭店的一个重要场所，在用餐的高峰、大型宴会或者其他一些大型活动时，容易发生一些安全问题。餐厅发生的各种安全问题主要有盗窃、醉酒闹事等，其中以盗窃事件较为多见。所以，饭店应当将防盗工作放在治安防范管理的首位。饭店餐厅常见的盗窃情况有以下几种。

手段一：“顺手牵羊”行窃

在餐厅用餐时，客人往往将手提袋、钱包或手机等物品放在餐桌上，当客人离座取菜餐桌上无人时，不法分子乘机“顺手牵羊”将客人的物品盗走。

手段二：“声东击西”作案

采取“声东击西”作案的不法分子，往往是两个人联合起来到餐厅作案。选择行窃的对象，是一位客人（或者两位客人）在餐厅用餐。当客人在用餐时，一不法分子在窗外招手，或者在餐厅内招呼人员。当客人回头张望时，另一不法分子乘机将客人的物品盗走。

手段三：“背后下手”作案

客人来到餐厅落座后，往往将外衣脱下挂在身后的椅背上。还有些带有手提包的客人，为防止手提包被盗，大多会放在身后，紧贴腰部。客人以为这样会比较安全，因为如果有人偷窃手提包马上就会感觉到。

但有些不法分子在作案时，就选择将外衣挂在身后椅背上，或者将手提包放在身后的客人为目标。他们通常找客人旁边的空座位（同行窃对象的座位背对背）坐下，眼睛并不看客人。（有时是两名犯罪分子面对面坐下，分别观察对面的情况。）

客人在用餐开始时,往往会有些警惕性,会注意随身所携带的物品。但是,在用餐一段时间后,客人的警惕性会有所降低,这时,不法分子渐渐将所坐的椅子向后移动。当两把坐椅接近时,从身后下手,将客人手提包内或者衣服内的物品盗走。还有的干脆将客人坐椅背后的手提包抽走。

手段四:利用儿童作案

在社会上,有些不法分子利用人们对儿童没有警惕性的心理,训练儿童盗窃。他们将这些训练过的儿童带到饭店内,就像是自己的孩子,在他们玩耍时乘机行窃。一旦这些儿童偷盗的行为被人发现,犯罪分子会马上出面训斥儿童,然后将儿童带离现场。这种手段作案往往使人们难以确认只是儿童的顽皮行为,还是受人指使盗窃。

如何预防:

防火墙一:设置安全警示,提醒客人注意物品安全

放置警示告示牌,提醒客人注意保管好随身携带的财物,是保护客人财物安全的有效手段。餐厅(尤其是人员较多的大餐厅)应当在适当的地方设置安全警示,以提示客人保管好自己的物品。如在餐桌上置一小牌,或者在菜单上注:"请保管好您随身携带的物品"等字样。

防火墙二:订制加长的椅套,将客人的衣物套上

为防止不法分子从"背后下手"作案,饭店应当订制比坐椅背略大一点的椅套,将客人放在椅背上的衣物一同套在椅背上。

虽然有些饭店有椅套,但一般只是防止服务员在上菜时不小心将菜汁溅到客人椅子背上的衣物上,长度不够,不能将客人外衣完全套上,更不能防止不法分子从背后下手。加长的椅套应当将客人的衣服和物品全部罩上,不但可以防止衣物被菜汁污染,还可以有效地防止不法分子从"背后下手"作案。

防火墙三:在桌子的下方设置网兜

客人到餐厅来用餐,一般都会随身携带一些物品,如手提包之类的物品。为防止这些物品被窃,饭店可以在餐桌的下方设置网兜,供客人放置物品。这种方法可以有效地防止用餐客人的物品被窃。

防火墙四:掌握违法分子的特征

凡是来餐厅作案的犯罪分子往往会表现出以下一些特征:

1. 有的违法分子边打手机,边进入餐厅内。这样做的目的是可以以打手机为幌子,来回在餐厅走动,同时眼睛寻找适合作案的对象。如果他们不拿手机打电话,而四处张望,就会引起人们的怀疑。

2. 有的违法分子，不按引座员安排的位子入座。因为违法分子在餐厅内实施盗窃行为，需要寻找合适的目标。而餐厅服务员安排的座位附近可能没有他们要作案的对象，所以，这些人以各种借口，自己寻找座位入座。

3. 入座后不急于点菜。一般到餐厅消费的客人在落座后都想尽快地点菜用餐，而来餐厅作案的不法人员在入座后往往不急于点菜。一般是以人员未到齐为借口，不急于点菜。因为没有在餐厅消费，所以盗窃得手后，可以很快离开。

基本对策：

步骤一：把好用人关。饭店的餐饮部（也包括其他部门），或者社会餐饮企业，目前普遍反映招工难，尤其是招素质优秀的员工更难。由于招工难，一些饭店在录用新员工上降低了用人标准，给日后饭店的安全工作留下了隐患。由于把关不严，有些饭店企业还将一些心怀不轨的人员招到饭店，这些人有的直接盗窃客人或者饭店的财物，还有的内外勾结进行偷盗，给饭店造成严重的损失。

因此，饭店一定要把好用人关，如有可能，保安部要参与饭店的招工。对于一些在其他饭店由于安全问题被处理过的人员，坚决不予录用。

步骤二：实行岗位负责制。餐厅安全防范最有效的方法之一是实行"谁主管，谁负责"和"谁在岗，谁负责"的安全防范原则，明确规定员工除了为客人提供优质服务，还应当明确规定做好安全防范工作也是员工的一项重要的本职工作。因为仅仅依靠保安部做好安全防范工作是不可能的，只有依靠全体员工的认真负责，才能将安全工作落到实处。

步骤三：加强员工培训，使员工增强安全防范意识。保安部要通过一些饭店餐厅发生过的案例培训员工，使他们掌握一些犯罪分子的特征。虽然饭店餐厅发生的盗窃案件有逐年增多的趋势，但是，如果饭店安全培训工作做得比较好，服务员的安全防范意识较强，犯罪分子往往无机可乘。

步骤四：安装安全闭路电视监控系统。在餐厅安装安全闭路电视监控系统，对于防盗工作有两大好处。一是因为不法分子在作案之前均要观察周围的情况。如果准备行窃的人员发现餐厅内安装有安全闭路电视监控系统，他们就会放弃在这里作案的企图。要注意的是，在小包间内不要安装安全闭路电视的摄像头，那样做容易侵犯客人的隐私权。在餐厅安装安全闭路电视监控系统的另一好处是，一旦餐厅发生客人报失或被盗之类的事件，便于发现问题，查明事件真相，分清责任。

四、如何处理客人报失事件？

客人财物报失事件在饭店经营管理中较为普遍。客人的报失情况有以下几种：

1. 错误报失。这种情况主要是由于客人记忆不清所致，客人的物品可能遗留在饭店以外的其他地方，但是客人认为是在饭店内遗失或者被盗。

2. 虚假报失。由于客人对饭店的服务质量或对某些问题的处理结果不满意，故意进行虚假报失。

3. 客人的财物遗留在饭店。

4. 客人的物品确实在饭店内被盗。

5. 对饭店进行敲诈勒索。

参考方法一

饭店员工在接到客人报失后，应当立即向保安部或本部门领导汇报。保安部接到报告后，立即通知保安部经理或当班主管。保安部人员会同大堂经理前往了解情况。

参考方法二

保安部应当详细记录失主的姓名、房号、国籍、地址，丢失财物的名称、数量，物品的型号、规格、新旧程度、特征等。

参考方法三

在了解情况时，要尽量帮助客人回忆来店前后的情况，丢失物品的经过，进店后最后一次使用（或见到）该物品是什么时候，是否会错放在什么地方。

参考方法四

在征得客人的同意后，协助客人查找物品（在客人的房内查找物品时，一定要让客人自己动手寻找）。如一时找不到客人报失的物品，将客人报失的情况填写在“客人物品报失记录单”（见表3-1）上。

表3-1 客人物品报失记录单

姓名________国籍________房号________同房间人数________报案时间________

工作单位________职务________住店事由________拟离店时间________

发现财物丢失时间________最后一次见到财物的时间________

丢失财物名称________数量________新旧程度________

丢失财物描述________

发现物品丢失情况描述________

您认为可能会发生的情况________

参考方法五

如果客人在离店以前报失的物品还没有找到,应向客人说明查找情况,请客人留下详细通信地址。

参考方法六

如果客人的物品是在饭店公共区域内遗失,要及时同所属部门和大堂经理联系,询问是否有人拾到,若仍无下落,应派人寻找。

参考方法七

如果客人的物品是在饭店范围以外丢失,应让客人亲自去公安部门报案,如果客人有要求,饭店可派人陪同前往。

如何预防:

防火墙一:及时检查

当客人在总台结账时,总台的员工要立即通知客房中心,派服务员进行查房,及时发现客人遗留的物品。桑拿、酒吧、餐厅、舞厅、会议室等场所的服务员在客人结束消费或活动时,提醒客人携带好随身的物品,并进行检查是否有遗留物品。

防火墙二:防止冒领

南京某四星级饭店曾发生过这样一个案例:当服务员在大厅的公共卫生间清扫卫生时,发现台盆上有一件首饰。她拿在手中自言自语道:"这是谁把首饰丢在这里了?"这时,有位到卫生间的人员连声称这是她的首饰,并感谢服务员拾金不昧的行为。服务员将首饰交给她后,此人随即离开。之后,一客人进入卫生间,问服务员是否见过台盆上的首饰。服务员回答,刚才来了一位客人已将首饰拿走。了解到具体的情况后,这位真正的失主投诉饭店,要求给予赔偿。

为防止冒领案件的发生,任何员工发现客人的遗留物品,应当立即上缴有关部门,如果有人员到现场取物,一定要核实。

基本对策:

步骤一:2007 年 10 月 1 日实施的《中华人民共和国物权法》第一百一十一条规定:"拾得人在遗失物送交有关部门前,有关部门在遗失物被领取前,应当妥善保管遗失物。因故意或者重大过失致使遗失物毁损、灭失的,应当承担民事责任。"员工发现客人的遗留物品后,应当尽快设法归还给客人。一时找不到失主,立即上缴,任何人不得非法占有客人遗留物品。客人的遗留物品可分为遗忘物、遗失物和遗弃物三种,这是三个不同的概念。遗忘物,是指基于财产所有人或持有人的意思,放于某一地方后忘记带走而未完全失去控制的财物。遗失物,是指不基于物主的意思而偶然失去但又未完全失去控制的物品。遗弃物,是指基于财物所有人意思而抛弃的财物。除后一种情况外,饭店应当及时将客人的遗留物品交还客人。

步骤二:对客人遗留的较为贵重的物品,要尽快同客人取得联系,征求客人对所遗留物品的处理意见,并尽快将遗留物品归还给客人。《中华人民共和国物权法》第一百一十二条规定:“权利人领取遗失物时,应当向拾得人或者有关部门支付保管遗失物等支出的必要费用。”根据国家的这一规定,饭店邮寄所发生的费用一般由客人承担。

步骤三:客房中心应对暂时无人认领的客人遗留物品登记造册,详细记录遗留物品的名称、数量、品种、规格、型号以及物品发现的地点、发现人等。贵重物品要存放在保险箱内,或指定专人保管。《中华人民共和国物权法》第一百一十三条规定:“遗失物自发布招领公告之日起六个月内无人认领的,归国家所有。”饭店在保管无人认领的物品六个月后,仍无人认领的,上缴有关部门。

步骤四:客房部服务员在清扫房间或检查客房时,发现有客人遗弃的物品,尤其是客人放在垃圾桶旁的物品,一定要经过客人确认再处理。对有价值的遗弃物,服务员要上缴到客房中心处理。对境外客人遗弃的黄色书报杂志交保安部处理。

步骤五:在客人离店后查找到客人丢失或失窃的物品,要按客人留下的地址迅速同客人取得联系。如果对方要求把丢失的物品邮寄给客人,应采用挂号的方式,费用一般由客人支付。

案例3-3

占有客人失落财物违法

一天上午,江西某宾馆总机话务员刘某接到广州打来的长途电话,称日本客人正司茂当天离开宾馆时不慎将50万日圆现金(折合人民币12 381元)遗忘在该宾馆的609房内,希望帮助查找。

话务员刘某当即向六楼当班的服务员王某询问,并要求查找。王某让服务员甘某前去查找。甘某进入609房后,发现床上有一白色信封,内装50万日圆。甘某急忙将该信封放入自己的口袋,然后告诉王某没有发现遗款,并随王某一同再次进入该客房佯装查找。当王某打电话给总机话务员时,甘某趁机将装有50万日圆的信封放进自己办公桌的抽屉内,然后离开宾馆。

失主当天晚上再次打长途电话询问查找情况,甘某答曰没有。次日上午,甘某将50万日圆带回家中。甘某将25万日圆兑换成人民币3 000元和港币1 000元,带着朋友去广州、珠海、深圳等地游玩并买了摩托车、收录机、手表等物。案件侦破时,除上述赃物和剩余的23万日圆外,其余钱款被挥霍一空。

南昌市中级人民法院以盗窃罪判处甘某有期徒刑两年。

评析:

在饭店内拾得客人的遗留物品,应当主动归还给客人,这是法律规定的强制性义务,而不仅仅是道德义务。《中华人民共和国民法通则》第七十九条第二款规定:“拾得遗失物、漂流物或者失散的饲养动物,应当归还失主。”该法第九十二条还明确规定:“没有合法根据,取得不当利益,造成他人损失的,应当将取得的不当利益返还受损失的人。”由此可见,拾得人拾得客人的遗留物后,据为己有,显然违反了民法有关规定,拾得人应依法承担民事责任,若情节严重,数额较大,还会构成侵占罪,拾得人还将受到刑法惩罚。本案中的甘某在住店客人多次打长途电话要求查找遗留的现金的情况下,将50万日圆隐藏并带回家中,并用其中部分钱款购买了物品,显然违反了我国的法律规定。利用自己的工作关系,以非法手段隐藏并占有了客人数额较大的钱财,这实际上已构成了盗窃罪,所以南昌市中级人民法院的判处是合理的。

提示:

(1)在客人进行报失后,要分清属于何种情况。

(2)饭店要建立客人报失处理的程序和遗留物品管理制度。

(3)处理客人报失事件要及时、慎重,要有记录。

五、客人物品被盗、被骗如何处理?

参考方法一

当客人报失的事件被确认为被盗或被骗时,保安部经理要立刻到现场亲自处理。

参考方法二

保安部经理到达现场后要详细记录客人物品被盗或被骗的经过,失主的姓名、房号、国籍、地址,丢失财物的名称、数量,物品的型号、规格、新旧程度、特征等。如果客人的物品是在饭店内被盗,并留有现场,则应立即保护现场。

参考方法三

保安部经理要把客人被窃或被骗经过立即向总经理汇报,同时向公安机关报告。失主如果是国内客人,向当地公安派出所报告;失主如果是外国人,应当向地区公安局外管处报告。

参考方法四

保安部经理着手组织调查,并配合公安机关立案侦破。如果在客人离店以后追回被盗、被骗的物品,则要按客人留下的地址迅速取得联系,用挂号邮寄的方式把物品邮寄给客人,将挂号回执留存。

如何预防:

防火墙　:注意行为诡秘人员

饭店的工作人员对进出饭店的人员要多加留意,凡是发现行为诡秘的人员,要立即通知保安部。

防火墙二:对客人进行提示

饭店应当根据本地区可能出现的情况,通过各种方式提醒客人注意防盗、防骗,如有些地区打牌的较多,不法分子就打电话到房间称“三缺一”邀请打牌,乘机进行盗窃或行骗;还有的不法分子打电话给客人,以提供“特殊服务”为由进入房间,在提供“服务过程中”进行盗窃或行骗。针对这种情况,饭店应当通过一定的方式提醒客人注意安全。

基本对策:

步骤一:如果客人被盗的是护照,则要报告当地旅行社,由旅行社开具报失证明,让丢失者持证明向当地公安部门报失,再由公安部门出具报失证明,然后由失主本人持报失证明亲自到所在国驻我国使、领馆申办重领护照手续。领到新的护照后,失主本人应再到当地公安局办理签证手续。

步骤二:如果是客人的“台湾同胞旅行证明”丢失,可向公安局或侨办报失,核发一次性有效的入出境通行证。

步骤三:客人信用卡、旅行支票等有价证券如果被盗或被骗,要及时同有关银行取得联系,并通知有关兑换点。

六、如何处理国内客人违法事件?

凡国内客人在饭店内犯有嫖娼、盗窃、赌博、走私、吸毒等违反《中华人民共和国刑法》和《中华人民共和国治安管理处罚法》规定的违法行为,均要视情节轻重按照国家有关法律、法规进行处理。

参考方法一

当班的保安部人员在接到客人有违法行为的报告后,要立即向主管汇报,同时视情况采取相应的处理措施。

参考方法二

保安部主管在接到报告后,应前往现场了解情况,保护和维持现场秩序,记录当事人的姓名、房号、身份等。对于客人之间的一般纠纷,保安部可出面进行调解。对于确认属于违法的事件,要立即通知保安部经理到场处理。对重大违法的案情,保安部经理要立即通知总经理并向公安部门报告。

如何预防:

防火墙一:对违法人员进行监控

饭店各部门的工作人员如果发现有违法行为的人员,应当立即报告保安部。保安部应安排人员对违法人员进行监控,如果超出饭店处理的范围,要立即控制有关人员,等待公安人员前来处理。

防火墙二:饭店的行为要合法

保安部在处理问题时要依法办事,不要对被监控人员进行关押。如果需要对违法人员进行控制,可对其说明需等候公安人员前来处理。在不危及人身安全的情况下,保安部人员不要对违法嫌疑人动手,也不要进行搜身。

基本对策:

步骤一:对正在实施犯罪行为的人员,可将其制服并严加监视,防止逃脱。电话通知公安机关派人前来处理,如果必须送公安机关,要有足够的保安人员护送,以防途中出现问题。

步骤二:客人违法的事件处理完毕后,保安部要将事件发生的全过程及处理情况记录在案,并向上级主管机关保卫部门报告。

七、如何处理境外客人违法事件?

境外客人违法,是指外国人、海外华侨等客人在饭店内违反我国法律、法规的行为。

参考方法一

根据属地优先权的原则,凡是在我国领域内犯罪的任何人,都适用我国的刑法。《中华人民共和国刑法》第六条规定:“凡在中华人民共和国领域内犯罪的,除法律有特别规定的以外,都适用本法。”《中华人民共和国刑法》还规定:犯罪的行为或者结果有一项发生在中华人民共和国领域内的,就认为是在中华人民共和国领域内犯罪。以下的三种情况都认为是在我国领域内犯罪:

1. 犯罪的行为和结果都发生在我国领域内。

案例3-4

上海国际珠宝展览会盗窃案

2004年5月13日,“上海国际珠宝展览会”在上海世贸商城隆重举行。此间发生了一起钻石被盗的案件,被盗钻石总重量约为2 000克拉,总价值约69万美元。数额如此巨大的钻石突然失窃,这在我国是前所未有的。破案后发现这起轰动世界的特大案件是由25名来自哥伦比亚等国的犯罪嫌疑人所为。

2004年12月,上海市第一中级人民法院以盗窃罪分别判处各外籍被告人1年到15年的监禁,并处罚金人民币5 000元至10万元。这是上海市第一中级人民法院建院来,所受理的外国人数量最多、案情最复杂、案值巨大的一起涉外盗窃案。

评析:

25名来自哥伦比亚等国的犯罪嫌疑人虽然所持的都是外国护照,但他们都是在我国境内进行犯罪活动,所以应当受到我国的法律制裁。这些被告人在我国服完有期徒刑以后,根据我国相关的法律规定将予以驱逐出境。

2. 犯罪行为发生在我国领域以外,而结果发生在我国领域以内。

例如,犯罪分子在国外印制假钞,而在我国境内使用。

3. 犯罪行为发生在我国领域内,而结果发生在领域之外。

例如,犯罪分子从我国往国外邮寄装有爆炸物的邮件,在国外发生了爆炸事件。

参考方法二

饭店员工发现或者怀疑境外客人有违法情况后,要立即向保安部报告。保安部在接到境外客人违法或者怀疑有违法行为的报告后,保安部经理应当会同大堂经理立即到现场了解情况,并确认对方的行为是否违反我国法律的规定。

参考方法三

如果确定境外人员在我饭店内进行的是违法活动,保安部要立即进行取证,将违法情况报告总经理并迅速向有关部门报告。

如何预防:

防火墙一:了解对方是否有外交豁免权

保安部经理在找客人了解情况时要谨慎,要弄清客人的身份,了解客人是否具有外交特权或豁免权。如客人是外交人员或具有外交豁免权人员,应立即同当地外事办公室联系通过外交途径解决。对享有外交特权或豁免权的客人,在向公安人员报告的同时应当加以说明。

防火墙二:处理要依法

处理境外客人违法事件要慎重,要有证、有据,要依法办事。

基本对策:

步骤一:对于境外人员的一般纠纷,保安部可出面进行调解;对较严重的违法事件,要立即报告总经理,并向公安局外管处报告,同时组织保护和维持现场秩序,安排人员对违法人员进行监控。

步骤二:在处理过程中,如果境外客人要求离开现场,要对客人说明,需等候公安局外管人员前来处理。待公安机关人员到达现场后,将事件情况说明清楚后,交由公安机关处理。

步骤三:在处理完整个事件以后,保安部负责将事件全过程及处理情况记录留存备查,并向上级机关报告。

八、如何处理扰乱饭店经营秩序事件?

饭店是一公共场所,每天接待大量各种各样的人员。预防和正确处理饭店内发生的扰乱公共秩序事件,是保安部的一项重要的工作。扰乱公共秩序事件是指不法分子在饭店内扰乱饭店的正常经营管理秩序的事件，如打架斗殴、寻衅滋事等侵犯人身权利和财产权利的事件。

参考方法一

对容易发生打架斗殴、寻衅滋事等扰乱饭店经营秩序的区域要重点防范，大型的饭店可在舞厅等娱乐场所配备警卫或加强巡逻。对于小型的饭店，由于保安部的人员有限，可以对易发生事件场所的人员进行培训，使他们掌握一些处理的技巧。

参考方法二

舞厅、酒吧工作人员在工作时要注意饮酒过量的客人，如发现有这类客人应礼貌地劝阻。饭店员工一旦发现店内有打架斗殴、寻衅滋事的情况，要立即制止，保护现场客人的安全，并视情况有礼、有节地进行劝阻，同时报告保安部。

参考方法三

对于一般性的轻微事件，如果双方无人员受伤或财物损失，保安部可进行调解。如果属于寻衅滋事等较严重的事件，保安部应报告派出所，由他们出面处理。

如何预防：

防火墙一：加强重点防范

保安部加强对易发生打架斗殴、寻衅滋事事件场所的重点防范。这些场所有：

1. 饭店大门、停车场；
2. 大厅；
3. 舞厅、酒吧、卡拉 OK 厅、桑拿等娱乐场所。

防火墙二：注意饮酒过量的人员

舞厅、康乐、酒吧、餐厅等场所的工作人员要随时注意饮酒过量的人员，特别是一些正在发生口角的人员。如果双方已经发生口角并难以劝解，要立即通知保安部前来处理，防止事态扩大。

防火墙三：安装安全监控摄像头

在一些容易发生打架斗殴、寻衅滋事事件场所安装安全监控摄像头，安全监控保安员一旦发现这些场所有情况应立即派保安前去处理，以便尽快控制局面。

基本对策：

步骤一：在双方发生口角的情况下工作人员要尽力劝止。如果双方已经发生打架斗殴，保安部人员到达后，应尽快将双方带离现场，以保证饭店正常秩序。

步骤二：将打架斗殴的双方带至保安部或后台等非经营场所，要将双方分开分别了解情况，以防止冲突进一步加剧。

步骤三：大堂经理负责检查饭店内的物品是否有损坏的情况，并确认损坏的程度和赔偿的金额，以向肇事者索赔。

九、如何处理突发暴力事件？

突发暴力事件，是指发生在饭店内的抢劫、绑架、行凶等严重突发性的暴力事件。饭店平时要做好安全防范工作，预防突发暴力事件的发生。

参考方法一

饭店内一旦发生突发暴力事件，发现人要立即打电话通知保安部，报告时不要惊慌，要讲清发案的现场情况。如果作案者已经逃离现场，要讲清其面貌特征、逃跑的路线等，以便保安部人员及时将犯罪分子抓获。

参考方法二

保安部接到报警后，要立即调集保安员携带对讲机赶赴现场（必要时可携带有关器具）。

参考方法三

最先到达突发事件现场的保安员要通过对讲机将现场情况报告给保安部经理。

参考方法四

保安部经理到达现场后，立即视情况着手处理，并将处理的情况向总经理汇报，由总经理决定是否立即通知公安机关。

参考方法五

保安部经理到达现场后，如果事件还在发生过程中，要划定警戒区，维护现场秩序，劝阻围观人员，防止更多的人员受到伤害。

参考方法六

如果犯罪分子还在现场附近，保安部人员应尽可能地将其制服。如果犯罪分子有凶器，一时难以制服，或者有可能伤及其他的人员，保安员要尽量稳住对方，等待公安人员前来处理。

参考方法七

在突发事件中，若有人员受伤，应立即派人护送去医院抢救。公安人员抵达后，保安部应将现场情况向公安机关报告，并协同公安机关做好有关善后工作。

如何预防：

防火墙一：培训员工预防发生突发事件的能力

有些突发事件在其发生之前是有些苗头的，抓住这些苗头就可以预防，或者将突发事件的损失减少到最小的程度。

防火墙二:注意行为诡秘人员

一般来说,一些抢劫、绑架、行凶等严重突发暴力事件在发生之前总是有些蛛丝马迹的。所以,工作人员要特别注意行为诡秘的人员,注意神情紧张、四处张望的人员,如有发现立即报告保安部。

防火墙三:安装紧急报警铃

随着社会上各种手段的犯罪案件增多,发生在饭店内的抢劫、绑架、行凶等案件也逐渐增多。为了使保安部能在第一时间发现并有效地处理诸如抢劫等突发事件,饭店应当在总服务台、前台收款处、贵重物品寄存处、商场以及楼层服务台等处安装紧急报警铃的按钮。一旦上述区域发生抢劫等突发事件,服务员可以通过按钮向保安部报警。报警按钮的位置可装在柜台下方隐秘的地方。

防火墙四:安装安全闭路监控系统

饭店可以通过安装安全闭路监控系统,及时发现一些突发事件。在发生这些突发事件时及时予以录像,对案件的侦破能够起到很大的作用。

防火墙五:加强安全闭路监控的管理

对于饭店的安全闭路监控管理,往往会有这样的情况:一些安全闭路监控的保安员刚刚工作时认真负责,仔细观察屏幕中的情况。可是时间一长,放松了警惕性,不能够及时地发现问题,以致发生严重的后果。因此,对于监控员来说,在岗期间,集中精力,常备不懈,十分重要。

案例 3 –5

发生在客房内的抢劫案

2005 年 2 月 7 日,马先生入住北京一家著名的五星级饭店。他刚刚打开房门,就被人从背后推倒在地,口、鼻、眼睛被胶带紧紧缠住,双手也被人熟练地捆绑,遭遇了抢劫。

公安机关破案后发现,自 2003 年 8 月至 2005 年 2 月,嫌犯庄永军流窜北京、天津、河南等省、市的 15 座城市,采取尾随客人进入高档饭店的房间,持刀威胁、捆绑等手段,对客人实施抢劫 16 起,抢得大量现金和财物。

评析:

公安机关在破案后发现,犯罪分子实施抢劫的这些饭店大多是高星级旅游饭店。这些饭店虽然都安装有闭路电视安全监视系统,但遗憾的是都未能及时发现并预防这些案件的发生。为什么犯罪分子能够屡屡得手?安全闭路监控留下的录像资料显示,这些犯罪分了在案发前有明显的特征(如在大厅前徘徊、未带行李、在电梯里不断地上下、尾随单身客人等),可是监控系统保安员没有能及时发现,造成了严重的后果。所以,保安部的监控员在工作时要集中精力,要能够善于发现一些突发事件的苗头，并尽快进行处理。

提示：

(1)保安部要制定“闭路电视安全监控工作程序”和“闭路电视安全监控管理规定”，保安部经理要经常性地对闭路电视安全监控室进行检查，并且对闭路电视安全监控员进行工作考核。

(2)负责闭路电视安全监控的保安员在工作时要集中精力，全神贯注，善于发现不安全的情况。一旦发现可疑情况或人员要重点录像，并立即通知巡逻的保安前去查看。

(3)所有的闭路电视安全监控录像资料要保存一周以上时间，以便在饭店发生安全问题后，及时回放。

基本对策：

步骤一：饭店内一旦发生突发暴力事件，保安部要向当事人、报案人、知情人了解案情，并问清他们的联络方式，做好记录，以便公安机关及时破案。

步骤二：派保安员保护好现场，如果有可能要对现场进行拍照、录像。

步骤三：保安部如果已将犯罪分子抓获，在公安机关未到达饭店之前，要派人对犯罪嫌疑人严加看守，包括犯罪嫌疑人去厕所也要有人监视，防止逃脱。

步骤四：为防止犯罪嫌疑人的同伙前来救援，保安部应当将犯罪嫌疑人安置在保安部或其他一些隐蔽的地方。待公安机关到达后，移交公安机关处理。

步骤五：保管好客人遗留在现场的物品，并逐一登记。注意保护好现场。

十、如何处理食物中毒事故？

按照《食物中毒诊断标准及技术处理总则》规定，食物中毒，“指摄入了有生物性、化学性有毒有害物质的食品或者把有毒有害物质当做食品摄入后出现的非传染性（不属于传染病）的急性、亚急性疾病。”食物中毒以恶心、呕吐、腹痛、腹泻等急性肠胃炎症状为主。

参考方法一

餐厅的服务员（包括客房等部门的人员）如果发现客人出现恶心、呕吐、腹痛、腹泻等症状，应立即报告本部门经理。部门经理在接到报告后，立即通知医务室前往诊断，医生应立即对中毒客人紧急救护。

参考方法二

如果医务人员初步确定客人的症状与饭店提供的食物有关，应通知保安部经理、大堂经理和总经理。

参考方法三

如果客人出现的症状比较严重，或者饭店没有医务人员，饭店应当立即将客人送医院抢救治疗。

参考方法四

《中华人民共和国食品卫生法》第三十七条规定：有证据证明可能因食物导致中毒事故的，可以对该食品生产经营者采取下列临时措施：

1. 封存造成食物中毒或者可能导致食物中毒的食品及其原料备检；
2. 封存被污染的食品工具及用具备检。

在医务人员初步确定客人的恶心、呕吐、腹痛、腹泻等情况与饭店的饮食有关后，餐饮部要对客人用过的所有食品及餐具等封存备检，以确定中毒原因，分清责任，并通知当地卫生防疫部门。

参考方法五

当地卫生防疫部门到达后，由餐饮部负责协助进行调查。

如何预防：

防火墙一：建立有效的安全卫生制度

饭店要严格遵守国家有关食品卫生的法律、法规，建立有效的安全卫生管理制度。

防火墙二：加强食品安全卫生管理

饭店要从食品采购、烹饪、服务、管理等环节上加强食品卫生安全的管理工作，如生、熟食品要分开；厨房不得让外来人员进入；厨房加工好的冷菜要用薄膜覆盖；送餐路途较远的菜肴要加盖等。

基本对策：

步骤一：在饭店发生或者疑似发生食物中毒事件的同时，餐饮部要对厨房内的其他可疑食品及有关餐具进行控制，以防止其他人员中毒。

步骤二：在饭店确认发生食物中毒的事件后，由餐饮部负责牵头，保安部协助，对中毒事件进行调查，查明中毒原因、人数、身份等。

步骤三：如果客人中毒事件比较严重，前厅部、销售部或办公室负责通知中毒客人的有关单位或家属，并向他们说明情况，协助做好善后工作。

步骤四：如果食物中毒事件发生在饭店的内部食堂，由饭店的人事部和办公室负责做好善后工作，保安部负责调查事件。

步骤五：由于饭店提供的食物而造成客人食物中毒，饭店应当承担损害赔偿责任。如果食品是饭店在店外采购来的，在饭店承担赔偿的责任后，由饭店向责任方追究责任。

如果食品是客人在饭店外食用所造成的，由客人直接向对方追究责任。

十一、如何处理停电事故？

停电事故给饭店造成的影响较大，如果处理得不好，会造成饭店经营秩序的混乱，给饭店带来更大的损失。

参考方法一

制定停电应急预案，并通过培训让饭店所有岗位的员工都明白如何处理停电事故。

参考方法二

饭店一旦发生停电事故，各营业点和公共场所当班的最高行政领导要立刻负责本工作区域的安全工作。

参考方法三

在饭店发生停电时，所有当班的服务员应保持镇静，稳定客人情绪，请客人稍等片刻。

如何预防：

防火墙一：实行二路供电系统

较大型的饭店，应当实行两路供电系统，在一路供电系统有问题停电的情况下，另一路供电系统立即自动供电，保证饭店的正常运转。

防火墙二：自备发电机

高星级的饭店，除了要实行两路供电系统外，还应自备发电设备。如果本地区或者饭店发生特殊情况停止供电，饭店工程部应当立即启用应急发电机。

防火墙三：在公共场所配备应急照明灯

饭店应当在客房的走廊、疏散通道、舞厅、大厅等主要营业点和公共场所配备一定数量的应急照明灯。应急照明灯具内的充电电池平时处于充电状态，一旦饭店断电，应急照明灯立即起用。

防火墙四：在客房内配备应急手电筒

饭店可在客房的床头柜内配置应急照明手电筒，以备客人在应急的情况下使用。要注意的是，饭店应当经常检查手电筒内的电池是否有电。有些饭店虽然配备了应急手电筒供客人使用，但是由于长时间没有进行检查，等到急用时不能发挥作用。

基本对策：

步骤一：饭店一旦发生停电事故，立即通知工程部，迅速查明停电的原因是属于饭店内部还是外部。

步骤二：如果停电事故属于饭店以外的原因，饭店立即通知本地区的供电部门。如果属于饭店的原因，工程部经理要立即组织人员查明情况。

步骤三：在停电时，前厅部人员要立即检查是否有人员被关在电梯内，如有人被关在电梯内，要尽量安抚客人，并通知工程部尽快将其救出。

步骤四：保安部管理人员要组织对饭店各经营点进行巡查，防止意外情况的发生。巡逻人员重点保护公共场所的财产安全，防止有人乘乱行窃。

步骤五：在饭店发生停电的情况下，保安部的门卫要劝阻无关人员进入饭店。

步骤六：对舞厅、桑拿室、会议室等人员较集中的场所，所属部门的管理人员要立即前去安定客人情绪，防止混乱发生。餐厅服务员要设法安定用餐客人的情绪，防止有人逃账。商场服务员要注意场内的情况，防止有人浑水摸鱼。

步骤七：饭店其他各部门的工作人员要坚守岗位，负责安定本工作区域客人的情绪，防止事态进一步扩大。

步骤八：工程部要保护好重要的设施设备，尽快恢复供电。

十二、如何处理客人伤、病事件？

客人伤、病事件，是指客人在饭店内生病或受伤的事件。如果饭店对这类事件处理不当，可能会造成更为严重的后果。

参考方法一

饭店内的专业医护人员一般数量很少，很多中型、小型饭店则没有专门的医务人员，所以饭店应当选择一些员工进行有关急救方面的专业训练，尤其是在远离城市的饭店，显得格外重要。

参考方法二

饭店员工在店内发现客人有受伤或生病的情况，要立即通知医务室，如果情况较严重，同时向保安部报告。

参考方法三

对于客人在饭店内受伤的事件，保安部经理在接到报告后，应会同大堂经理前去了解情况，并做好记录。

参考方法四

医务人员根据客人的伤、病情况决定是否送医院详细检查治疗。如饭店无专业医务人员，在进行简单的急救后，应立即送医院或通知救护站，不可延误时间。对较严重的情况，需要送客人到医院进行抢救的，饭店要派人员并且要求同行客人的亲属、同事或者旅行社的领队等一道前往。

参考方法五

如果客人在饭店受伤，是由于饭店的设施、设备造成的，或者客人认为是由于饭店的设施、设备造成的，存在着争议，饭店一定要进行取证工作，应当进行拍照、录像，并保留好相关证据，以便分清责任进行赔偿。

如何预防：

防火墙一：配备急救箱

没有专设医务室的饭店，应当备有急救箱，配备一些急救所必需的医药用品和器材。

防火墙二:学习急救常识

对饭店一些主要部门的员工进行急救常识的培训。

防火墙三:设置药品专柜

有条件的饭店(尤其是远离市中心的饭店)可以在商场设置药品专柜,提供一些常用的药品。需要注意的是,饭店在设置药品专柜时,应当征得有关部门的批准同意。

基本对策:

步骤一:客房部的服务员,若发现客房门上长时间挂有"请勿打扰"牌,应多加留意,可以以"是否需要服务"为由打电话进房询问。

步骤二:客人如果感觉身体不适,要求服务员代购药品,饭店一般只限于购买非处方药。如果没有特殊的情况,对于一些服用后可能引起不良后果的药品,应当让客人自行购买。

步骤三:客人在住店期间如果发生伤、病事件需要住院治疗,应当由其亲属、同事或者旅行社的领队前往办理手续,饭店给予协助。客人如需动手术,或伤、病情况较为严重,必须通知其家属;如果是外宾,则应当通过翻译人员将伤、病者的具体情况告诉亲属或领队,并经他们在手术书上签字表示同意。

步骤四:由于饭店原因,客人需住院进行治疗,饭店要派人员陪护。如果客人自带药品治疗,应征得医院的确认和同意。如果客人要转院治疗,必须得到医院和饭店的同意,原则上是就近不就远,就大医院而不去小诊所、去专科医院而不转普通医院。

步骤五:由于饭店的原因致使客人受伤的,饭店应当主动同客人协商有关赔偿事宜。

步骤六:如果饭店参加了保险,而且客人在饭店受伤属于保险的范围,办公室要尽快通知保险公司。

步骤七:饭店在处理完客人的伤、病事件后,要写出详细的记录存档,并呈报有关部门。

十三、如何处理重大安全事故?

根据国家的有关规定,饭店的重大安全事故是指:

1. 造成海外旅游者人身重伤、残废的事故;
2. 重大火灾及其他恶性事故;
3. 其他经济损失严重的事故。

参考方法一

重大安全事故的处理,原则上由本地区政府协调有关部门、事故责任方及其主管部门负责,必要时成立事故处理领导小组。饭店如不属于事故责任方,应按照事故处理领导小组的部署,配合做好有关工作。

参考方法二

重大安全事故发生后,保安部经理和总经理应立即赶赴事故现场,全力组织抢救工作,保护事故现场,同时报告当地政府及有关部门。

参考方法三

在有关人员进入事故现场前,如因现场抢救工作需要移动物证时,保安部应当做出标记,尽量保护事故现场的客观完整。

参考方法四

饭店要立即组织将受伤人员送附近医院进行抢救。如果有人员死亡的,保护好遇难者的遗体。

参考方法五

如果伤亡人员是住店客人,通知前厅部(如非住店客人通知公关部或办公室)组织核查伤亡人员的国籍、姓名、性别、年龄、护照号码、团队名称、单位以及在国内、国外的保险情况。

如何预防:

防火墙一:制定处理重大安全事故预案

为处理好重大安全事故,避免造成现场混乱,饭店应当制定处理重大安全事故的紧急预案和程序,这样才能临危不乱。

防火墙二:增强处理重大安全事故的能力

保安部要居安思危,平时注重培训和训练,以增强处理重大安全事故的能力。

基本对策:

步骤一:如果伤亡人员有海外客人,并且是随旅行团来饭店住宿的,在伤亡人员确定无误后,由有关的组团旅行社负责通知有关海外旅行社,并向伤亡者家属发慰问函电。伤亡人员若是海外客人,饭店在核查清楚伤亡人员后,还要及时报告当地外办,同时以电话、传真或其他有效方式直接向"中国旅游紧急求援协调机构"(设在北京市国家旅游局内)报告,其基本内容如下:

1. 事故发生后的首次报告内容:

(1)事故发生的时间、地点;

(2)事故发生的初步情况;

(3)事主接待单位及与事故有关的其他原因;

(4)报告人的姓名、单位和联系电话。

2. 事故处理过程中的报告内容:

(1)伤亡情况及伤亡人员姓名、性别、年龄、国籍、团名、护照号码;

(2)处理的进展情况;

(3)对事故原因的分析；

(4)有关方面的反映和要求；

(5)其他需要请示或报告的事项。

3. 事故处理结束后，饭店需认真总结事故发生和处理的全面情况，并做出书面报告，内容包括：

(1)事故经过及处理；

(2)事故原因及责任；

(3)事故教训及今后防范措施；

(4)善后处理过程及事主家属的反映；

(5)事故遗留问题及其他。

步骤二：由前厅部、客房部、保安部负责对事故现场的行李和物品进行认真的清理和保护，并逐项登记造册。

步骤三：在处理伤亡事故的过程中，由责任方及其主管部门负责做好伤亡家属的接待、遇难者的遗体和遗物的处理以及其他善后工作，并负责联系有关部门为伤残者或伤亡者家属提供以下证明文件：为伤残人员提供由医疗部门出具的“伤残证明书”；为骨灰遣返者提供由法医出具的“死亡鉴定书”和丧葬部门出具的“火化证明书”；为遗体遣返者提供由法医出具的“死亡鉴定书”，医院出具的“尸体防腐证明书”，防疫部门检疫后出具的“棺柩出境许可证”。责任方及其主管部门要妥善处理好对伤亡人员的赔偿问题，饭店要协助责任方按照国家有关规定办理对伤亡人员及其家属的人身和财产损失的赔偿，协助保险公司办理入境旅游保险者的保险赔偿。

步骤四：事故处理结束后，饭店要和责任方及其他有关方面一起，认真总结经验教训，进一步改进和加强安全管理措施，防止类似事故的再次发生。

步骤五：将事故全过程和处理经过整理成文字材料送有关部门并留存。

十四、如何处理国内客人死亡事件？

客人死亡，是指客人在住店期间发生在饭店内的因病死亡、意外事件死亡、自杀、他杀或其他原因不明的死亡。除前一种属于正常死亡外，其他均为非正常死亡。

参考方法一

饭店的任何人员发现客人在饭店内死亡，必须立即向保安部报告并且保护好现场。

参考方法二

保安部人员在接到客人死亡的报告后，立即报告保安部经理，同时前去查看并保护好现场。

参考方法三

保安部经理到达现场简要查明客人死亡的地点、时间、死亡原因、身份、房号等情况后，应立即通知总经理、大堂经理和医务人员，请他们前往现场。客人是否死亡要由专业医务人员做出判断。

参考方法四

客人若未死亡，应立即送医院抢救，保安部派人员与大堂经理和医务人员一同前往，同时要求客人的同事、亲属或者领队一同前往。

参考方法五

对已死亡的客人，保安部应立即封锁现场，保安部经理立即向公安部门报告，并着手开展调查工作。

参考方法六

无论何种原因的客人死亡事件，饭店都要做好保密工作，不要随意将情况外传。

如何预防：

防火墙一：制定客人死亡处理程序

为避免客人在饭店内突发死亡事件，给饭店造成混乱，饭店应当制定处理客人死亡的应急程序，这样才不至于手足无措。

防火墙二：增强处理客人死亡事件的能力

保安部要在平时加强对客人死亡事件处理能力的培训，这样才能有条不紊，临危不乱。

防火墙三：统一口径

当客人在饭店内死亡的事件发生后，总经理要组织有关人员协商对外公布客人死亡原因和处理经过的情况，由饭店统一对外公布客人的死因及处理的情况。对外公布客人死因要慎重，如死因不明确，或有其他原因，待查清或内部意见统一后再向外公布和提供证明。在处理客人死亡的事件中，如果口径不一或者有人说话不慎重，可能给事后的处理与赔偿工作带来不利的后果。

基本对策：

步骤一：尽快查清客人的姓名、性别、年龄、地址、所属单位、接待单位、身份、死亡日期、时间、具体原因等情况。迅速同接待单位或死者的工作单位取得联系。

步骤二：医务人员迅速到现场察看并确认人员是否已经死亡。如果人员确实已经死亡，要将死亡的情况详细记录下来。

步骤三：保安部要立即寻找当时的目击者，调查了解情况，并将目击者的联系方式等情况详细记录下来，以便于分清责任和涉及的赔偿问题。

步骤四：保安部要加强对现场一切物品的保护，严禁无关人员接近现场，不得挪动任何物品，对死亡客人的遗留物品要进行登记。

步骤五：客人如属正常死亡，由死者的亲属或死者的单位派人处理有关事宜，饭店可协助处理。如果客人属于非正常死亡，在得到公安机关的同意后，死者的亲属或死者的单位代表，同饭店的代表协商后，一同处理。处理交通事故死亡，须有交通监管部门的责任裁决书和事故死亡证明。

步骤六：对客人在饭店内死亡的情况，除向上级领导和公安部门汇报外，任何人不得对外泄露。在一切事项处理完毕之后，要由参加的人员把抢救、死亡及处理的全过程详细记录留存。

十五、如何处理国外客人死亡事件？

外国客人死亡，是指具有外国国籍或无国籍的客人在饭店内因病死亡、意外事件死亡、自杀、他杀或其他原因不明的死亡。处理外国人死亡事件，同处理国内客人在店内死亡事件的程序与政策有所不同，处理不当容易产生涉外纠纷。处理外国人在饭店内死亡的事件要按照国家的《外国人在华死亡后的处理程序》、《维也纳领事关系公约》及有关双边领事条约和国际惯例等国际、国内的规定办理。

参考方法一

饭店的任何人员一旦发现国外客人在饭店内死亡，必须立即向保安部报告并且保护好现场。

参考方法二

保安部人员在接到国外客人死亡的报告后，立即报告保安部经理，同时前去查看现场并保护好现场。

参考方法三

保安部经理到达现场后，简要查明死亡客人的姓名、国籍、时间、死亡原因、身份、房号等情况，并将情况立即通知总经理、大堂经理和医务人员，请他们前去现场。客人是否死亡要由专业医务人员做出判断。

参考方法四

客人若未死亡，应立即送医院抢救，保安部派人员与大堂经理和医务人员一同前往，同时要求客人的亲属、随行同事或者旅行团的领队一同前往。

参考方法五

对已死亡的客人，保安部应立即封锁现场，保安部经理立即向公安部门报告，并着手开展初步的调查工作。

参考方法六

尽快查清并详细记录死者的姓名、性别、年龄、国籍、常住地址、身份，死亡日期、时间、地点、原因，医生初步诊断情况、先期处理情况以及目击者的情况等。公关部或前厅部迅速同接待旅行社或接待单位取得联系。

参考方法七

立即向“中国旅游紧急求援协调机构”报告，同时向饭店的主管部门和有关公安机关报告。

参考方法八

根据《维也纳领事关系公约》或有关双边领事条约的规定以及国际惯例，外国人在我国死亡后应尽快通过我国政府有关部门（省、市外办），通知死亡者所属国驻华使、领馆。

参考方法九

如果外国死亡者国籍所属国同我国签订有领事条约，而条约中含有关于缔约国国民死亡规定的，按照条约中的有关规定办理。

如何预防：

防火墙一：制定国外客人死亡处理程序

处理国外客人死亡事件，政策性很强。为避免国外客人在饭店内的突发死亡事件给饭店造成混乱，饭店应当按照国家的《外国人在华死亡后的处理程序》和《维也纳领事关系公约》及有关双边领事条约和国际惯例等国际、国内的规定制定有关处理程序。

防火墙二：增强处理客人死亡事件的能力

保安部要在平时加强对国外客人死亡事件处理能力的培训，这样才能有条不紊，临危不乱。

防火墙三：统一口径

当外国人在饭店内死亡的事件发生后，由饭店会同有关部门统一对外公布客人的死因及处理的情况。对外公布客人死亡原因和处理过程要慎重，如死因不明确，或有其他原因，待查清或内部意见统一后再向外公布和提供证明。在处理外国人死亡的事件中，如果口径不一或者有人说话不慎重，可能会引起涉外纠纷。

基本对策：

步骤一：饭店要尽快查清客人的姓名、国籍、性别、年龄、地址、接待单位、身份、死亡日期、时间、地点、原因等情况。迅速同接待单位或旅行社取得联系。

步骤二：医务人员迅速做出判断，人员是否死亡，如未死亡，则尽力进行抢救，如人员已死亡则维持现场，并将死亡情况详细记录下来。

步骤三:保安部要详细记录目击者对客人死亡现场情况的描绘,并记录目击者的联系方式。

步骤四:要对现场的一切物品加以保护,严禁他人接近现场,不得挪动任何物品,对死亡客人的遗留物品要进行登记。

步骤五:外国人在医院经抢救无效死亡,要由参加抢救的医生向死者亲属、领队及死者的生前好友或代表详细报告抢救全过程。死者所属旅游团无领队,同时死者家属未随同来华,则由国内组团旅行社负责通知有关海外旅行社,并向死者家属发慰问函电。

步骤六:要由参加抢救的医生写出"抢救经过报告"并出具"死亡诊断书",由主任医师签字盖章,并将副件交给死者亲属、旅游团领队、地方接待单位,饭店亦应有存档。

步骤七:国外客人如属正常死亡,由县级以上医院出具"死亡证明书"。如死者生前曾住院治疗或经抢救,医院可应其家属要求,提供诊断书或者病历摘要。

步骤八:如果客人是正常死亡,一般情况下不做尸体解剖,如果对方坚持要求解剖尸体,应由领队或者死者亲属提出书面申请,由接待单位到公证机关办理公证书后,方可进行。如果客人属于非正常死亡,由公安机关的法医出具"死亡鉴定书"。

步骤九:对于非正常死亡的外国人,在得到公安机关的认可后,死者的遗物由其亲属或领队、公安部门、接待部门和饭店代表共同清点,列出清单,由上述人员在清单上签字,一式两份,由中外双方保存。遗物由亲属或领队带回国。

步骤十:如死者单身在华,遗物可直接交给来华的亲属,也可交驻华使馆铅封托运回国。如果死者有重要遗嘱,应将遗嘱复制或拍照后交驻华使馆转交,防止转交过程中发生篡改。

步骤十一:外国人若在国内死亡,一般在当地火化。遗体火化前,应由领队或者死者亲属或代表写出"火化申请书",交我方保存。在火化前,可由全团或领队、亲属、代表向遗体告别。告别现场要拍照留存。对方如提出举行追悼仪式,可以由接待单位致简单悼词,送花圈。死者骨灰由领队、死者亲属或其代表带回国,骨灰交接应有书面材料留存。

步骤十二:在办理好上述手续后,凭"死亡诊断书"去市公安局外事处办理注销签证手续。

步骤十三:死者家属如果要求将遗体运送回国,除办理上述手续外,还要做尸体防腐处理,并发给"装殓证明书"。由地方检疫机关发给死亡地点至出境口岸的检疫证明,即"外国人运带灵柩(骨灰)许可证",然后由出境口岸检疫机关发给中华人民共和国×××检疫站"尸体/灵柩出境许可证";由死者所持护照国驻华使馆办理遗体灵柩经由国家通行护照。

步骤十四:死者亲属需来华处理后事的,要弄清具体人数、航班,并派人去迎接,同时提前准备下榻房间。死者的医疗、抢救、火化、尸体运送等费用,一般由死者家属自理,有肇事方的,由肇事方承担。

步骤十五：如属于交通事故死亡，须有交通监管部门的责任裁决书和事故死亡证明。

步骤十六：对国外客人在饭店内死亡的情况，除向上级领导和公安部门汇报外，任何人不得对外泄露。在一切事项处理完毕之后，要由相关人员把抢救、死亡及处理的全过程详细记录留存。

十六、如何保护命案现场？

命案现场，是指人员在饭店内非正常死亡的现场。保护好命案现场对侦破工作十分重要。

参考方法一

饭店一旦发生命案，保安部应立即报告公安部门同时汇报总经理。

参考方法二

迅速查明当事人（包括凶犯）是否确实已经死亡。如当事人尚未死亡，应立刻进行抢救。抢救时，力求避免现场遭受破坏，同时画出伤者躺卧的姿势及位置。

参考方法三

如果受伤的人伤势很重，但尚能讲话，应利用一切时机，扼要询问一些关键的问题。

参考方法四

对受伤者除急救外，还要注意监视，防止发生意外。

如何预防：

防火墙一：确定进入现场路线

保安部经理立即到达现场，画出人员进出现场的路线，防止有关人员进入现场时将现场破坏。

防火墙二：进行拍照、录像或绘制现场草图

为保护好现场，防止现场一些痕迹的破坏，保安部要进行拍照录像或绘制现场草图。

基本对策：

步骤一：保安部人员如果发现当事人已死亡（人员是否死亡，应由医务人员确定），则不要移动尸体和触动尸体上的任何物品，不要破坏现场的脚印、血迹和其他痕迹，按进入时的路线退出现场，等待公安人员到达。

步骤二：进入现场时如发现痕迹、物证，可用粉笔或白灰画圈作记号。若未发现，则不必进入现场四处搜寻，以免自己的行动使现场遭到破坏。画出现场保护区域，留下安全人员保护现场，配合公安人员调查案情。

步骤三：维持现场秩序，以保证饭店其他经营场所的正常营业。

十七、如何做好防炸弹敲诈及防爆管理？

近年来，我国饭店业发生的爆炸和以爆炸相威胁的事件时有发生，给一些饭店的正常经营秩序带来极大的影响。饭店做好防爆炸以及处理好以爆炸相威胁的事件，非常重要。发生在饭店的炸弹恐吓甚至爆炸事件的原因大致分为以下几类：

原因一：受到威胁的饭店或饭店有关人员与恐吓敲诈者，甚至实施爆炸者发生过纠纷或者冲突，没有能妥善解决处理。如2003年9月初发生在齐齐哈尔的震惊全国的萨拉伯尔饭店炸弹勒索案等。

案例3－6

齐齐哈尔市萨拉伯尔饭店炸弹勒索案

2003年9月初，黑龙江省齐齐哈尔市萨拉伯尔饭店发生了罕见的敲诈勒索爆炸案。

21岁的犯罪嫌疑人谷树坤曾是萨拉伯尔饭店的领班，2003年8月1日因晋升、工资等问题与业主发生矛盾被辞退。谷树坤此前在一家工厂当过修理工，与当时的同事贺景新（时年29岁）关系密切。8月15日，谷、贺二人经过密谋，决定自制爆炸装置，勒索萨拉伯尔饭店60万元。

两人共制作了十多枚爆炸装置。9月1日凌晨，谷树坤从萨拉伯尔饭店二楼窗户潜入，先后把11枚爆炸装置安装在饭店1层到4层的不同位置。天亮后，二人给萨拉伯尔饭店打来勒索电话，由于当时饭店员工正在开会，电话无人接听。上午9时43分，萨拉伯尔饭店员工在3楼一处天然气管道上发现一个爆炸装置，便向110指挥中心报案。民警立即赶到现场，将该爆炸物拆除。在随后的搜索中又不断发现新的爆炸装置。

9月2日，民警于尚清和李迎祥在排除最后一枚爆炸装置时，发生爆炸，二人负伤。不久，案件告破，两名犯罪嫌疑人被抓获，受到了法律的严惩。

原因二：某些机关或部门在处理一些问题上的方式不当，使矛盾激化，当事人不通过正当渠道解决问题，而是采取过激的行为方式，比如恐吓甚至实施爆炸这种过激行为，如2004年9月9日广东河源市某酒店发生的爆炸案（见案例3－8）。

原因三：客人之间闹矛盾，或者直接针对住店客人实施爆炸。如2007年5月3日昆明锦迪大酒店发生的爆炸案，就是因为客人之间产生矛盾，不法分子在饭店实施爆炸行为，造成两人当场死亡，两人受伤的重大爆炸事件。

原因四：恐吓饭店，诈取钱财。如1999年10月26日北京某五星级饭店发生的炸弹敲诈案（见案例3－9）。

原因五：单纯的类似于恶作剧式的恐吓。这种情况现在在饭店业有增多的趋势。

原因六：社会上贫富差距的加大使一些人心理不平衡，产生仇视社会的心理，铤而走险敲诈钱财，造成此类案件发生。

参考方法一

饭店任何人员一旦发现有人携带爆炸物或可疑爆炸物入店，要立即报告保安部，注意维持好现场的秩序，不要轻易触动物体，尽可能地保护现场。

参考方法二

员工在接到饭店有炸弹的电话时，不要慌张，要问清爆炸物或可疑爆炸物的确切地点、爆炸时间、形状及大小等情况。

参考方法三

饭店接到炸弹威胁的电话时，要冷静地分析属于何种情况。一般来说有几种可能性，一是打电话的人确实知道或者认为有人在店内放了爆炸物，报告人想减少人员伤亡和财产损失，二是打电话的人也许就是安放爆炸物的人，或者知道这一信息，三是打电话的人想制造紧张和恐怖的气氛。

如何预防：

防火墙一：加强防爆安全管理

饭店要严格执行国家制定的有关法规。我国《旅馆业治安管理办法》规定："严禁旅客将易燃、易爆、剧毒、腐蚀性和放射性等危险物品带入旅馆。""对违禁物品和可疑物品，应当及时报告公安机关处理。"按照国家的要求，饭店应对店内的一切爆炸物品严格管理，建立一套防爆安全管理程序和制度。

防火墙二：配备防爆器具

有条件的饭店，可以事先准备好防爆氮气瓶。饭店在举行一些重大活动时，保安部将防爆氮气瓶放置在现场，一旦发现爆炸物或疑似爆炸物时，可将该物品放入冰桶内，注入氮气（零下 300 度）使炸弹结冰，失去作用，然后将物品搬离现场。

饭店还可以配备防爆毯，一旦发现有爆炸物或可疑爆炸物，立即用防爆毯将其罩住，然后请公安机关前来处理。

防火墙三：防止爆炸物引爆

饭店在发现爆炸物或疑似爆炸物时，不要随意触动，更不能碰到启爆装置。如怀疑可能是爆炸物时，应立即把该物的地点、发现时间、物体的形状报告公安部门，由当地的防爆部门负责处置。

当保安部发现爆炸物或疑似爆炸物后，要严格保护好现场，尤其是注意爆炸物旁边的物品，保护好手印、足迹等，防止无关人员进入。如果饭店需要处理可疑爆炸物外面的包装时，不要直接打开包装。发现物品有导线和绳子时，要理清相互的关系。搬动物品时动作要轻,防止触动装置。在检查可疑物时,应由专业人员进行,其他人员要远离现场。

防火墙四:认真对待每一次报警

一般情况下,警方在首次接警后,不管真假,都会立即启动处置预案,属地派出所、巡警率先赶到现场,疏散人群,消防、防爆、刑侦等其他警种和市公安局防爆安检部门也会赶到现场处置。但是,当有关部门在多次接警但搜查未果后,往往不像一开始接警那样对待。对于饭店来说,每次接到炸弹的报警,还是不能掉以轻心,宁可信其有,不可信其无,不怕一万就怕万一。

案例3-7

广东河源市某酒店爆炸案

2004年9月9日下午1时20分,广东河源市市区某酒店接到一名陌生男子打来的电话,该名男子在电话中用不太标准的普通话恐吓说:“我已在酒店放置了定时炸弹,很快就会爆炸,告诉你们经理,否则你们会后悔的。”说完就把电话挂了。酒店马上向警方报案。接报后,公安机关高度重视,市委常委、政法委书记、市公安局局长杨富生当即调集警力赶赴现场,开展侦查、排爆工作,并指示市区公安机关刑侦部门全力以赴侦破此案。

民警疏散了酒店内的100多名客人和员工,关闭了酒店电源,设置警戒线,封锁现场。省公安厅刑侦局接到报告后,派出技侦人员和搜爆犬赶赴河源。技侦人员赶到河源后立即展开排爆工作,用最先进的排爆设备,对酒店逐层逐房进行地毯式的搜查,但并没有发现炸弹。

当天下午,市公安局刑警支队、技术行动支队、源城公安分局成立了破案指挥部,对案情进行分析。专案组了解到这样一个情况,2004年4月24日,该酒店曾经接到一个电话,一名男子在电话中称其前几天入住该酒店时被人偷了2万元港币,要求酒店赔偿损失,如果该酒店不满足他的要求,他将采取报复行动。酒店方面未予理睬。6月24日凌晨零时10分,该酒店415房发生爆炸,房内设施被炸毁,幸未造成人员伤亡和火灾事故。6月26日,酒店再次接到这名男子打来的电话,该男子在电话中问道:“你们酒店前两天是不是发生了什么事?”酒店服务员回答,酒店没有事情发生,该男子撇下一句“没道理的”就挂掉了电话。当天,该酒店向源城公安分局报案,源城公安分局刑警大队派出技术人员对爆炸现场进行了勘察,发现有爆炸遗留物,初步认定这是一宗有预谋的爆炸案,但由于现场已被酒店清理,民警难以发现有价值的线索,案件侦查工作一时陷入困境。

专案组民警根据现场勘察及走访群众了解到的情况,判断9月9日打到酒店的恐吓勒索电话和“6·24”爆炸案极有可能是同一人所为,决定并案侦查。专案组对重点地区、重点人员进行排查,利用各种侦查手段,获取有价值的线索。

民警循线侦查,发现居住在埔前镇的黄某有重大作案嫌疑,并确认疑犯就在家中。9月16日下午,专案组民警赶到埔前镇,会同埔前镇派出所民警展开抓捕工作。当晚8时,专案组民警将黄某抓获并在黄某的房间搜出移动电话储值卡以及电烙铁、万能表等一批作案工具。

专案组民警连夜展开审讯,在强大的政策攻心之下,黄某不得不交代了他用爆炸的手段勒索钱财的犯罪事实。经审讯初步查明,4月24日,黄某打电话到酒店勒索,见酒店不予理睬,就利用自己懂得家电维修的技术,从埔前镇买来水管、鞭炮、电子钟、胶纸等物品,在家中自制了一枚定时炸弹。5月25日,黄某携带定时炸弹,借用他人身份证住入市区某酒店415房,当晚将定时炸弹藏在床头柜后面,然后用胶纸固定,第二天离开酒店。6月24日,酒店客房发生爆炸后,黄某分别于6月26日、9月9日两次打电话到酒店恐吓勒索。

评析:

对于2004年4月24日客人的威胁,酒店应当充分给予重视,不能采取不予理睬的态度。6月26日,酒店服务员在接到男子打来的询问6月24日爆炸案的电话时,应当有技巧地询问有关情况。这样也许能尽早发现一些蛛丝马迹。

提示:

(1)饭店要认真对待每一次的炸弹爆炸威胁电话,宁可信其有,绝不能麻痹大意。

(2)饭店要建立一套防爆应急预案,并且要对员工进行有关防爆方面的培训。这样,在发生爆炸威胁时才能临阵不乱。

基本对策:

步骤一:对员工加强有关防爆方面的培训教育,如了解爆炸装置的组成(包装物、炸药和启爆装置)、爆炸物的外包装(如手提包、书包、包裹、木盒、塑料盒等)、引发炸药爆炸的装置(机械类、化学类、电器类、无线遥控类和有线遥控类等),使员工具有初步识别可疑爆炸物的能力。

步骤二:饭店工作人员在接到有关爆炸物威胁的报警电话时应当想办法把打电话的人拖住,要让对方把电话的内容重述一遍,把他讲的每一字都记下来。如果打电话者没有说明爆炸物放置的地点或可能的爆炸时间,应尽可能向他询问这一情况。

步骤三:仔细辨听电话里的背景声音,如是否有背景音乐、汽车声或者其他噪声。注意打电话人员的声音(男、女)、情绪(镇定、激动)、口音及口头语等。如两人在场,接电话的人可示意另一人向总机询问电话来自何处,并立即报告保安部。

步骤四:如报告者声称自己是安放爆炸物的人,应尽量说服他放弃这一企图。如打电话的人愿意讲下去,接电话的人可假装听不清,并问以下一些问题,让他继续说下去。如:爆炸物何时起爆? 爆炸物在什么地点? 何种类型的爆炸物? 你现在何处?

步骤五:保安部接到报警后,应立即通知下列人员到达现场:

1. 保安部经理;
2. 值班总经理;

3. 工程部经理；

4. 爆炸物所在部门的部门经理。

步骤六：保安部经理到达现场，确认爆炸物或可疑爆炸物后，应立即通知公安机关。保安部经理应组织人员部署以爆炸或爆炸物为中心的警戒线，控制现场。

步骤七：在公安机关未到达饭店之前，总经理应组织临时指挥部，协调各部门工作，统一下达命令，部署有关部门做好善后工作。爆炸物所在部门的经理负责疏散本区域的人员及物资。大堂经理向客人解释发生的有关情况，安定客人的情绪。医务人员做好抢救伤员的准备，随时准备同当地急救中心联系。车队驾驶员做好抢救伤员所需要的车辆准备工作。店内的其他人员坚守工作岗位，不要轻易接近危险物品，等待专业防爆人员前来处理爆炸物或可疑爆炸物。

步骤八：在当地公安机关未到达前，如果饭店组织人员进行搜寻，搜查重点如下：

1. 工程部：(1)迅速检查配电房、机房以及店内的其他一些重要的电器设备；(2)检查消防设施及器材；(3)检查煤气、天然气管道附近。

2. 客房部：(1)迅速检查垃圾处；(2)检查客房过道管道井；(3)检查消防通道。

3. 前厅部：(1)检查沙发下；(2)检查电梯内；(3)检查行李房；(4)检查垃圾桶内；(5)搜查大厅各处。

4. 保安部：(1)搜查饭店外围区域；(2)检查停车场。

5. 各部门着重搜查本工作区域。

在搜寻爆炸物时要重点注意以下一些地方：

1. 饭店内部：(1)花盆；(2)沙发下；(3)立式烟灰缸；(4)报纸杂志；(5)卫生间——纸篓、便盆、存物柜等。

2. 饭店大楼外部：(1)草丛、花盆下；(2)垃圾和废物箱；(3)附近的车辆；(4)角落。

步骤九：搜查时以两人为一组。进入待搜查的区域后，先静静地站在那里，听一听有没有闹钟定时装置的声音，看一看有没有异常的情况，再开始搜查。

步骤十：饭店如发现无人认领的手提物品，或需要检查可疑的手提物品时应注意：

1. 先查看手提物的拉链是否有绳头连接。

2. 拉开手提包时，一点一点地慢慢拉，用手轻轻地在包内摸有无异常的东西。

3. 检查可疑的箱子时，先把箱子轻轻地捆起来，然后将箱子移到安全地带，把箱锁打开，在箱盖上压上重物。用一根绳子一头拴在箱盖上，剪开捆箱的绳子，人员疏散到50米以外，然后拉绳。

4. 如果物品是用木板包装的，从物品的侧面拆除。

无论是确认爆炸物，还是怀疑爆炸物，都要设置警示牌(见图3-3)。

图3-3 当心爆炸警示牌

案例3-8

北京首例炸弹敲诈旅游饭店案

1999年10月26日,北京五星级饭店港澳中心发生了一起炸弹敲诈案。

当日下午3时45分,一男青年来到港澳中心大厅,声称找总经理投诉,中心办公室主任白某代为接待。男青年进屋后,突然掏出一把手枪和一爆炸物品,让酒店下午4点前准备10万元,否则启动爆炸装置。酒店员工以凑钱为名故意拖延时间。此间,男青年用办公室的电话向外通了两次话。20分钟后,酒店员工送来5万元现金,男青年挟持白某离开港澳中心,乘出租车向南驶去。在朝外大街路北侧,白某被赶下车。

10月27日下午4时20分,市公安局指挥中心接到港澳中心报警:一名青年男子持手枪和爆炸装置,威胁并劫持员工,敲诈现金5万元人民币后逃离。接到报案后,市局刑侦处、涉外饭店管理处和东城分局迅速出警,立即展开工作。

专案组从犯罪嫌疑人所打的两个电话入手,进行突破。经侦查,一个叫樊瑛的男青年有嫌疑。此人26岁,家住东城区,案发后他没回家,其父反映他曾在东城区东方旅馆出现过。

专案组侦查员当即赶到东方旅馆开展工作,得知樊与一个名叫梅秀桃的浙江籍女子在此同居,但此时二人均没在旅馆。侦查员了解到,梅的弟弟梅尚万住在该旅馆的另一房间。28日下午6时,梅尚万被抓获。经审查得知,当日下午5时,樊瑛回过旅馆,将一只玩具手枪放在其处,并给了他500元钱。樊瑛的疑点随之上升。通过港澳中心员工对樊的照片进行辨认,专案组判定:樊瑛有重大作案嫌疑。当晚7时,外出归来的梅秀桃及其妹妹被查获。据梅秀桃讲,樊是抢劫嫌疑人,并给了她12000元钱和一部手机,她是事后才知情的。对樊的下落她也说不清。

10月31日晚10时,正在某洗浴中心挥霍的樊瑛被侦查员抓获。经审查,樊瑛交代了在港澳中心持手枪、爆炸装置劫持人质敲诈5万元的作案经过。

经警方4昼夜的努力,这起北京旅游饭店炸弹敲诈案被侦破。据樊瑛交代,他与家里关系不好，一直在外居住，平时常出没于娱乐场所，开销较大，欠了包括梅氏姐妹在内的一些人的钱，因此萌生了抢劫的念头。他在某自由市场购买了一把酷似真枪的玩具枪，又购置了一些白色电线、8根钢管、一卷牛皮纸及胶带，制成“炸药包”，第二天便前往港澳中心进行敲诈。

十八、如何处理好涉外案件？

涉外案件是指在我国境内发生的涉及外国、外国人（自然人及法人）的刑事、民事、经济、行政、治安等案件。处理涉外案件必须维护我国主权和利益，维护我国国家、法人、公民及外国国家、法人、公民在我国的合法权益，严格依照我国法律、法规办事，做到事实清楚、证据确凿、适用法律正确、法律手续完备。

参考方法一

2006年3月1日施行的《中华人民共和国治安管理处罚法》第四条规定：“在中华人民共和国领域内发生的违反治安管理行为，除法律有特别规定的以外，适用于本法。”饭店对于外国人违反治安管理案件的处理，要严格按照我国的有关法律和政策办事。

对于享有外交特权和豁免权的外国人违反治安管理，要通过外交途径处理。对于不享有外交特权和豁免权的外国人违反治安管理，由公安机关按照《中华人民共和国治安管理处罚法》进行处理。对于外国人违反治安管理的案件，应当依照法律规定和办案程序，认真做好查处工作。

参考方法二

处理涉外案件，应在对等和互惠原则的基础上，严格履行我国所承担的国际条约义务。当国内法或者我国的内部规定，同我国所承担的国际条约义务发生冲突时，应当适用国际条约的有关规定（我国声明保留的条款除外）。有关部门不应当以国内法或者内部规定为由拒绝履行我国所承担的国际条约规定的义务。

参考方法三

凡与我国订有双边领事条约的，按条约的规定办理；未与我国签订双边领事条约，但参加《维也纳领事关系公约》的，按照《维也纳领事关系公约》的规定办理；未与我国签订领事条约，也未参加《维也纳领事关系公约》，但与我国有外交关系的，可按互惠和对等原则，根据有关规定和国际惯例办理。

如何预防：

防火墙一：处理要及时

饭店发现外国人违反我国的法律，发生涉外案件后，要及时查清当事人的国籍、姓名（中、外文）、来华事由和身份，有无外交豁免权，并及时向有关部门报告。有关部门接到报告后，要及时派人赶赴现场，开展调查询问，搞清事实，分清责任，依法处理。

防火墙二:要注意通知时限

在涉外案件确定后,如果我国同涉案人员的国家有双边领事条约明确规定通知对方期限的(4 天或 7 天),应当在条约规定的期限内通知,如果无双边领事条约规定,也应当根据或者参照《维也纳领事关系公约》和国际惯例尽快通知,不应当超过 7 天。

防火墙三:要注意取证

查处涉外案件尤其要注意取证。有条件的应当对案件现场拍照、录音、录像。从获取物证到当事人和旁证人写的材料及谈话笔录,都要尽量翔实,一丝不苟。证据要准备公布,要经得起检验。

防火墙四:对外报道要慎重

有关部门就重大涉外案件发布新闻或者新闻单位对于涉外案件进行报道,要从严掌握,应当事先报请省级主管机关审核,征求外事部门的意见。对于危害国家安全的涉外案件的新闻报道,由主管部门同外交部商定。对于应通知外国驻华使、领馆的案件,应当在通知有关国驻华使、领馆后,再公开报道。

基本对策:

步骤一:涉外案件发生后,要立即通知有关国驻华使、领馆。在外国驻华领事馆领事区内发生的涉外案件,应通知有关国驻该地区的领事馆,在外国领事馆领区外发生的涉外案件应通知有关国驻华大使馆。

步骤二:与我国有外交关系,但未设使、领馆的国家,可通知其代管国驻华使、领馆,无代管国或代管国不明的,可不通知。当事人本人要求不通知的,可不通知,但应当有其本人提出的书面要求。

步骤三:通知使、领馆的内容应当包括外国人的外文姓名、性别、入境时间、护照或证件号码,案件发生的时间、地点及有关情况,当事人违章、违法、犯罪的主要事实,已采取的法律措施及法律依据。

步骤四:外国人违反治安管理案件的查处应由治安部门归口管理,并与外国人管理部门配合。如果外国人违反治安管理的行为属于一般小事、情节轻微,可由当地派出所或在现场的民警进行处理,决定给予处罚的,应由县、市公安局、公安分局或者相当于县一级的公安机关裁决。对外国人给予拘留处罚的,应由地、市公安处、局审批,并报省、自治区、直辖市公安厅、局向公安部备案。

十九、如何对案件和事故、事件现场进行保护?

对发生案件和事故、事件的现场进行封锁,使其保持案件和事故、事件发生、发现时的原始状态,称为案件和事故、事件现场保护。

保护好案件和事故、事件发生的现场,有利于获取原始物证。原始现场是获取原始痕迹和物品的一个重要场所，只有保护好案件和事故、事件发生的现场，破案人员才能及时地发现案件和事故、事件过程中遗留的痕迹和物品，才有可能将它们妥善地提取下来。如果案件和事故、事件发生现场的保护不及时，保护的方法不妥当，就会使与犯罪或事故、事件有关的痕迹和物品遭到破坏，给现场勘察和以后的破案或查清责任等工作带来不必要的麻烦。

参考方法一

饭店内一旦发生案件和事故、事件，由保安部划定保护范围。现场的保护范围应包括中心现场和外围现场。对于重要的现场，在公安及其他人员到达之前，保护的范围一般应适当划大一点，待公安及其他人员到达后，可根据实际情况作适当的调整。

参考方法二

划定保护范围后，保安部应立即采取警戒措施，组织人员维护秩序，不准任何人进入现场。

参考方法三

保安部应针对不同的现场，采取相应的保护措施。保安部到达现场后，必须抓住一切有利时机和条件，在公安机关及其他部门的人员未到达之前，及时进行现场保护，必要时可进行勘察。

参考方法四

保护现场是现场勘察的前提条件，它对于顺利开展破案和事故调查工作能起到极为重要的作用。保护现场的时间，一般应从现场发现后到勘察完毕为止。重大复杂的案件现场或一时不能全部查清的现场，可以对整个现场或现场的某一部分延长保护时间，以便再次勘察。

如何预防：

防火墙一：保护现场要及时

作案分子在实施犯罪活动之后，或者在一些事故、事件发生之后，有些人会制造各种假象，破坏现场。所以，保安部要在第一时间到达现场，对案件或事故、事件现场进行保护。如果现场保护得好，刑侦人员就比较容易通过勘察现场和其他各种侦查活动，将事故、事件的原因或犯罪分子查出来。实践证明，在案件或事故、事件现场还未遭到破坏，与犯罪或事故、事件有关的痕迹、物品还比较明显，作案分子或肇事者还未来得及转移物证的时间里，保安部迅速赶到现场，实施现场封锁和保护，对于迅速查破案件和事故、事件起到非常大的作用。

防火墙二：重要现场要拍照或摄像

现场拍照或摄像能显示现场的有关痕迹和物体的形态及其相互关系。现场拍照或摄像能够把现场那些不便提取,或者用文字、绘图难以表达,以及容易遭到自然或人为破坏的痕迹和物体以现场图像的形式,迅速、准确、完整、清晰地固定下来,为破案及查清事故、事件以及诉讼提供真实可靠的证明。所以,保安部要对重要现场进行拍照或摄像。

防火墙三:要保护好现场的痕迹

饭店的保安人员进入现场时,要注意保护好现场的手印和脚印等痕迹。因为饭店的保安人员不是专业的痕迹专家,如果不加以注意,很可能破坏现场的手印和脚印等痕迹。到现场查看的人员,即使戴有手套,也严禁任意拿取和触摸现场的任何物品,特别是作案者或事故、事件的责任者有可能用手接触过的物品。要防止戴手套而麻痹大意,将罪犯或事故、事件责任者遗留的手印擦掉,或者将罪犯或事故、事件责任者的手印与手套印混淆,以致不能完整地提取手印。

基本对策:

步骤一:要对现场全貌拍照或摄像,这种拍照或摄像主要是记录整个现场和现场内部各部分之间的联系,以反映现场的范围,罪犯或事故、事件责任者进出现场的路线,案件或事故、事件现场总体的状况、痕迹,物证的分布及其相互的联系,因此既要全面,又要有主次。拍照时,要将案件或事故、事件现场的主要部分位于画面的中央和前景。

步骤二:要对案件或事故、事件发生的现场中心,进行拍照或摄像。对现场中心进行拍照或摄像,是记录案件或事故、事件发生现场重点部位和反映现场主要物品的特征及其与邻近物品、痕迹之间关系的拍照或摄像。中心拍照是在现场勘察进入实地勘验以后进行,其任务是为了反映案件或事故、事件现场中心部位的状态,现场局部与整体的关系,揭示犯罪或事故、事件责任者的手段、方法以及痕迹、物品在犯罪或事故、事件过程中的意义。所以,现场重点部位和在勘验中发现的痕迹、物品的位置、状态及其相互之间的关系都应当全面拍照或摄像。拍照或摄像人员应根据不同案件或事故、事件的现场,确定拍照的内容和重点。

步骤三:要对发生案件或事故、事件的现场细目进行拍照或摄像。对现场细目进行拍照或摄像,是为了记录和固定现场具有证据意义的痕迹和物品,如罪犯或事故、事件责任者遗留在现场的手印、破坏痕迹、犯罪或事故涉及的工具以及其他物品。在拍照或摄像细目时,要按照比例拍照或摄像的原则,在被拍照或摄像物体或痕迹一侧同一水平上放上参照尺,一同拍照或摄像。拍照或摄像时,镜头应对准被拍摄对象的中心,并与被拍摄对象平面保持平行,以保证其逼真。

模块四 饭店消防管理

一、饭店火灾原因及预防措施有哪些？

火灾对饭店时刻构成巨大威胁,火灾是饭店的重大灾难之一,全世界饭店业几乎平均每天都发生一起重大、特大火灾。每年由于饭店发生火灾而造成的直接经济损失超过 1 亿美元！近年来,我国宾馆饭店也不断发生重大和特大火灾,不但造成大量的人员伤亡,也造成了严重的经济损失。

火灾原因一:客人吸烟

很多饭店的火灾是由于客人吸烟不注意所致。据统计,这类火灾占整个饭店火灾的 40.7%。其中,主要分为两种情况:一是卧床吸烟,特别是酒后卧床吸烟,睡着后引燃被褥酿成火灾。如 1985 年 4 月 18 日哈尔滨天鹅饭店发生的特大火灾,造成 10 名中外宾客死亡,7 人重伤,直接经济损失 25 万余元人民币。这场大火是因肇事者美国公民理查德·斯·安德里克酒后躺在床上吸烟入睡,不慎将燃烧的烟头掉在床上而引起的。

第二种情况是肇事者吸烟后乱扔烟头所致,如 2004 年 2 月 15 日吉林中百商厦发生的特大火灾,就是因为肇事者于红新将烟头随手扔到可燃物上而引发的,造成 54 人死亡,70 多人受伤。

火灾原因二:电气设备故障

现代饭店诸多功能集中在同一建筑内,有客房、餐厅、厨房、各种娱乐设施,还有锅炉房、电脑房、配电房等。因电气设备故障而引起的饭店火灾占整个饭店火灾总数的 22.8%,主要原因是电线老化、线头裸露、电气设备安装不合理、动物啮咬电线及电器本身故障等。如拥有 3 000 客房的俄罗斯大饭店发生的特大火灾,就是由于客房内的电视机发生故障而引起的。

火灾原因三:大量易燃材料的使用

饭店不仅有各种木器家具、棉织品、地毯、窗帘等易燃物品,还有大量易燃的装饰材料,一旦发生火灾,这些易燃材料会加速火势的蔓延。国内有一家饭店,曾因客人在客房内使用电炉外出时忘了拔掉插头而将地毯引燃起火。

火灾原因四:火情发现晚

饭店绝大多数的火灾发生在夜间,因此时客人已休息,饭店工作人员少,火灾苗头往往不易被发现,等到人们发现火情时,火灾已具一定的规模,给扑救工作造成很大困难。

火灾原因五:未及时通知消防部门

由于饭店的特殊性,一般饭店都在其消防工作程序上写明,发生火灾时首先向饭店消防中心报警,由饭店义务消防队扑灭初起火灾。只有当火势发展到一定程度,饭店义务消防队没有把握将火扑灭时,才由饭店消防委员会作出决定,通知当地消防队。如果饭店消防委员会判断有误,没有及时通知消防部门,就失去了灭火的最佳时间,很可能使大火迅速蔓延,等消防部门得知火灾情况,为时已晚。

火灾原因六:违反消防法规

鉴于国内火灾的频发,国家针对消防管理出台了一系列的法律、法规,如《中华人民共和国消防法》、《高层建筑消防管理规则》、《国家标准高层民用建筑设计防火规范》等。很多饭店发生火灾,究其原因,都在不同程度上违反了国家的有关消防法规。如 1991 年 12 月 25 日江苏连云港云华饭店发生的特大火灾。当年的 9 月 18 日,省消防总队曾明确指出该饭店使用了大量的易燃材料,且消防疏散通道全都锁上,存在着重大火灾隐患,但饭店置若罔闻,未及时整改。三个月后该饭店发生特大火灾,致使 14 人被烧死,其中大多数是在此开会的我国著名水利专家。

火灾原因七:消防管理不善

还有许多饭店发生火灾是由于消防管理不善。1996 年 7 月 17 日,深圳端溪酒店发生特大火灾,其肇事者还是酒店的管理人员。由于这家饭店只重经营,不注重消防管理,平时缺乏消防培训,也没有消防应急方案,因此当大火燃起时,饭店所有的人员都不知所措,最终酿成惨剧,造成了 30 人死亡。

如何预防:

防火墙一:建立消防管理制度,制定火灾应急预案

饭店应当根据自身的具体情况,建立一套适合本饭店的消防管理制度和火灾应急预案。包括各部门的消防管理制度、消防安全检查制度、各级防火责任制、各部门的防火安全管理制度,以及火灾应急预案等。

防火墙二:加强对全员的消防培训

提到安全消防培训,很多人认为只需对新员工进行,实际上应当是对饭店全员的培训,包括管理人员。当然,把好新员工入店培训关非常重要,所有新员工必须进行消防安全培训，只有经考试合格后，才能进入岗位工作。此外，饭店还要对全员进行定期培训。

防火墙三：加强消防管理

饭店应当严格加强消防管理。有些饭店虽然制定了消防管理制度和火灾应急预案等，但疏于对消防安全的管理，以致酿成火灾。饭店要定期对饭店的各个部门、岗位以及各个角落进行消防安全检查，要善于找出存在的消防隐患，并及时整改。

防火墙四：定期组织消防演练

饭店除了对员工进行消防培训，还应当定期组织全体员工进行消防演练。从一些饭店发生火灾的案例来看，由于员工没有经历过火灾，饭店又没有进行过消防的演练，在饭店起火时，员工不知所措，失去灭火的最佳时机，最终酿成火灾的情况非常普遍。

防火墙五：配备合格的消防设施、器材

饭店应当按照国家的有关规定配备必要的消防设施、器材。但是，有的饭店的消防设施、器材配备并不符合要求，还有的饭店没有对消防设施、设备进行定期的维修保养。如有的饭店长期不对烟感系统及消防联动系统进行测试，有的饭店烟感报警系统每日误报不断也不及时处理，甚至有的饭店存在着严重的消防隐患也视而不见。

只要饭店严格按照有关规定配备合格的消防设施、器材，时刻注意消防安全，火灾是可以避免的。

基本对策：

步骤一：饭店在进行装修时，要避免使用易燃、有毒的建筑装饰材料。从一些饭店的火灾案例来看，很多饭店都是使用了可燃装饰材料。据统计，火灾中因烟雾中毒或窒息而死亡的人数占整个死亡人数的72.5%。

步骤二：针对客房、卡拉OK厅、舞厅等场所易发火灾的特点，饭店应当在上述场所使用阻燃地毯、床罩和窗帘等用品。

步骤三：安装通知客人进行疏散的应急广播系统。从饭店发生的大量火灾案例来看，饭店的大多数火灾都发生在夜间。饭店的紧急广播大多是通过背景音乐播出的，而背景音乐的喇叭设置在客房的走廊和公共区域。当熟睡中的客人得到饭店发生火灾需要进行疏散的通知时，为时已晚。所以，饭店在设计时应当考虑将通知客人疏散的应急广播系统接到客房的床头柜下，这样，一旦饭店发生火灾，能够在第一时间通知客人进行疏散，以避免造成人员伤亡。

步骤四：饭店应当建立一套发生火灾时的应急预案。如发生火灾时如何报警、如何通知客人进行疏散、如何通知消防队、如何灭火等。

步骤五：要使每位员工都掌握一些基本的安全消防常识，如在消防上要做到“三懂四会”（懂得消防安全知识；懂得饭店火灾的危险性；懂得报警程序；会使用灭火器材;会扑救初起火灾;会组织人员疏散;会保护火灾现场)。

步骤六:发挥义务消防队的作用。按照国家的规定,饭店必须成立义务消防队,一些饭店往往是有义务消防队,但从未进行过培训和演练,一旦发生火灾起不到义务消防队的作用。所以保安部要组织、领导义务消防队开展有关消防活动,定期组织消防演练,使他们在饭店一旦发生火灾的情况下能够发挥作用。

步骤七:设置无烟客房。由于客人卧床吸烟而造成的火灾,占饭店火灾的很大比例。饭店可设置无烟客房(见图4-1),将吸烟楼层和不吸烟楼层分开。保安部重点加强对吸烟楼层的管理。

图4-1 无烟客房

案例4-1

震惊全国的新疆克拉玛依友谊馆特大火灾

1994年12月8日下午,新疆克拉玛依市教委组织在友谊馆举办专场文艺汇报演出。18时20分,文艺演出进行到第二个节目时,由于舞台正中偏后北侧上方倒数第二道光柱灯(1 000W)与纱幕距离过近,高温灯具烤燃纱幕。由于舞台空间大,舞台用品都是高分子化纤织物,因此,火灾迅速形成立体燃烧,火场温度迅速升高,并伴随大量有毒气体产生。现场灯光因火烧短路而全部熄灭,当在场的人员准备疏散时,发现安全疏散门大多数处于封闭状态。友谊馆正门和南北两侧共有7个安全疏散门,然而当火灾发生时仅有1个正门开启,南北两侧的安全疏散门加装了防盗推拉门并上了锁,观众厅通向过厅的6个过渡门也有2个上了锁。

由于馆内的人未能及时疏散,短时间内中毒窒息,造成大量伤亡。这场轰动全国的特大火灾造成了325人死亡,130人留下残疾,直接经济损失3 800万元。

评析：

这场特大火灾有几个主要的原因：

一是因为安全疏散门当时上了锁，在火灾发生时人们惊慌失措，大量的人员一下子全部涌向唯一的出口，又无人引导进行疏散，致使唯一的通道发生拥挤堵塞，未能及时逃生，造成大量伤亡。

二是该馆的室内装饰、装修及舞台用品大量采用了易燃、可燃材料。当火灾发生时，整个馆内立即充满了大量有毒的气体，使现场人员在短时间内中毒窒息，丧失了逃生能力。

三是火灾初起时处置不当。该馆在消防管理上存在问题，在举行重大活动时没有注重预防火灾，也没有火灾应急预案，当舞台上方纱幕着火时，馆内的工作人员无人在场，现场人员惊慌失措，更没有及时有效地组织人员疏散，造成了大量人员的伤亡。

四是严重缺乏消防管理意识。该馆对当地消防部门下发的“防火检查登记表”置之不理，消防管理混乱，未建立防火安全责任制度。在这之前，友谊馆曾多次发生火险并在消防安全上存在重大不安全因素，但该单位始终未予以重视，最终酿成了严重的后果。

提示：

(1)饭店在日常经营管理中，要始终将防火问题放在首位，对防火工作要常抓不懈。

(2)在任何时候，饭店消防通道的门都不应当上锁。在进行大型活动前，要进行安全消防检查，在活动中要随时保持消防通道的畅通。

(3)在搞大型活动时，要指定专人负责现场的消防安全工作。

(4)增强工作人员的消防安全意识，经常组织消防演练。

二、如何进行消防组织管理？

饭店消防组织，包括饭店消防委员会、部门的消防领导小组和义务消防队。饭店消防委员会，是饭店最高级别的消防管理组织，全面负责饭店的消防工作。

参考方法一：成立消防委员会

饭店消防委员会，是饭店最高一级的消防管理组织，大多由饭店各主要部门的负责人组成，负责贯彻与执行国家消防法规，制定、落实与检查本饭店消防工作制度。消防委员会的主任由饭店的总经理担任，保安部经理和工程部经理任副主任。委员一般由客房、财务、餐饮、培训、前厅等部门负责人和大堂经理组成。

参考方法二：明确消防委员会的职责

饭店消防委员会的职责是：认真贯彻上级和公安消防部门有关消防安全工作

的指示和规定，把饭店防火工作纳入日常管理工作中，做到与日常管理工作同计划、同布置、同检查、同评比，实行“预防为主，防消结合”的方针，充分发动与依靠每位职工，定期研究和布置本饭店的消防工作。饭店消防委员会的主要工作，有以下几个方面：

(1) 贯彻执行《中华人民共和国消防法》和其他有关消防法规。

(2) 组织实施逐级防火责任制和岗位防火责任制。

(3) 组织制订饭店消防方案。

(4) 负责饭店消防规章制度和政策的制定与落实。

(5) 组织防火安全检查，消除火灾隐患和不安全因素。

(6) 检查和指导饭店消防器材的配备、维修、保养和管理。

(7) 安排饭店专职和义务消防员培训学习。

(8) 定期组织饭店的消防演习。

(9) 一旦发生火灾，担任现场指挥，组织职工进行扑救工作，保护火灾现场。

(10) 负责调查处理火灾事故，协助上级有关部门调查火灾原因。

参考方法三：确定火灾指挥部

消防委员会平时负责饭店的消防教育和培训工作，一旦发生火灾，消防委员会即成为饭店的火灾指挥部(中心)。饭店应当在平时将火灾指挥部的位置确定下来。

设置火灾指挥部有下面四个地点可供参考：

1. 火灾指挥部设置在消防中心

设置在消防中心的优越性在于，可以利用消防中心的控制设施、设备(如消防水泵、消防卷闸门、消防排风设备、消防电梯、报警、供电等)了解火势蔓延和发展的情况，以及采取灭火与控制火势等一连串的动作。指挥部设在消防中心的饭店，一般要求消防中心的设施、设备较为先进。

2. 火灾指挥部设置在大厅

饭店发生火灾后，火灾指挥部担负着救灾的工作。考虑到在不利的条件下有利于指挥灭火、疏散、通信等项工作的开展，将火灾指挥部设在大厅，由大厅工作人员担任通信员，传递指挥部的命令。

3. 火灾指挥部设置在火灾现场

火灾指挥部设置在火灾现场的优越性在于，可以直接观察火情，直接指挥灭火，尤其适合于度假型的、面积较大的饭店。

4. 火灾指挥部设置在总机房

火灾指挥部设置在总机房的优越性在于，可以利用电话传递信息快的特点，及时下达各种指示。火灾指挥部设置在总机房，适合于老式的饭店。

总之，每个饭店应当根据自身的特点、布局和消防设施情况，事先将火灾指挥部的地点定下来，一旦发生火灾可迅速投入灭火指挥。

消防委员会的成员在饭店发生火灾时，应当立即前往火灾指挥部，指挥灭火。

如何预防：

防火墙一：建立部门消防安全领导小组

饭店虽然成立有消防委员会，保安部也有专门的人员负责消防工作，但由于饭店消防工作的特殊性与困难性，只有依靠各部门的密切配合，才能将饭店的消防安全工作落到实处。因此，饭店应当在各部门指定专人，负责本部门的消防工作。对于一些重要的部门，还应当成立消防安全领导小组或确定部门消防安全责任人。

防火墙二：明确部门消防安全领导小组的职责

各部门的消防安全领导小组负责人由本部门的经理或其他负责人担任，主要工作如下：

1. 利用各种形式布置和组织本部门的防火宣传教育工作。

2. 组织制定与修改本部门的防火安全规章制度，并检查落实情况。

3. 定期和不定期组织本部门的防火安全检查，消除火灾隐患和不安全因素。

4. 定期检查本部门各班组对消防设备、器材的维护、保养和管理工作。

5. 在本部门发生火灾时，积极组织扑救，并迅速报警，协助有关部门查明火灾事故的原因。

6. 定期对本部门的人员进行消防培训。

7. 负责总结交流本部门各班组防火工作的经验教训，及时表扬先进，对防火工作有显著成绩或特殊贡献的班组和个人提出奖励意见，对不重视消防工作或违反消防法规的进行批评教育。

8. 对本部门的消防工作情况经常向主管领导汇报并提出改进意见，确保本部门的安全。

防火墙三：杜绝火险隐患

火险隐患，是指有可能造成火灾危害或发生火灾后将造成严重后果或阻碍火灾扑救等的不安全潜在因素。根据存在的不安全因素和发生火灾后可能造成的不同的危害程度，火险隐患分为一般火险隐患和重大火险隐患。一般火险隐患和重大火险隐患是相对而言的。发生火灾可能性大，发生火灾后损失大、伤亡大、影响大的火险隐患都属于重大火险隐患。

饭店有下列情况之一的，均可认定有火险隐患：

1. 饭店选址、布局不合理，防火间距不够，不符合建筑设计防火规范的。

2. 安全疏散出口不足、疏散距离太远、疏散通道被堵塞、没有疏散指示标志的。

3. 电气设备的类型与使用场所不相适应，导线敷设方式不合理，导线绝缘老化、接触不良、超负荷及缺乏安全装置的。

4. 应安装自动报警、自动灭火装置的场所，没有安装或有安装却失去功能的；应安装其他相应的消防设施而没有安装或者失效的。

5. 在用火作业场所，有易燃物质尚未消除，存在火灾危险的。

6. 火源或热源靠近可燃结构或可燃物品有引起火灾危险的。

7. 在有较大火灾危险的岗位，没有制定消防安全制度、操作规程或操作人员不懂防火和灭火知识的。

8. 其他不符合消防安全要求的情况。

防火墙四：划出非吸烟区

饭店要根据自身的布局特点划定吸烟区与非吸烟区域，并在一些重要的非吸烟区设置“禁止吸烟”标志（见图 4－2）。保安部重点加强对吸烟区域的消防管理。

图 4－2 禁止吸烟标志

基本对策：

步骤一：饭店应按照“领导负责，分级管理，各负其责”的原则，管理饭店的消防工作，确保饭店的绝对安全。

步骤二：有些饭店的部门负责人重经营、轻消防管理，提到消防管理往往不积极，给保安部的消防安全管理工作带来消极影响。对此，保安部应当发挥消防委员会的作用，通过消防委员会对饭店的消防进行管理，这样会更加具有权威性。

步骤三：饭店的消防工作，涉及每一个部门以及每一位职工。只有把消防工作落实到每一部门和岗位，并使每一位职工都明确自己的消防工作职责，安全工作方能有保证。因此，饭店的每位员工必须能够做到：

1. 严格遵守饭店规定的消防制度和操作规程。
2. 发现任何消防问题及时向有关部门汇报。
3. 维护各种消防器材，不得随意挪动和损坏。
4. 发现火患及时报警，奋力扑救。

步骤四：饭店消防工作组织得好与不好，是否达到了基本要求，可以用下面的标准进行衡量：

1. 饭店是否建有由领导负责的逐级防火责任制度？

饭店的消防工作应由总经理以及各个部门的行政领导作为逐级防火负责人，做到层层有人抓。

2. 各岗位是否建有岗位防火责任制度？

各岗位，特别是防火重点岗位都应有明确的防火责任区、防火规章制度和操作规程以及落实到每个人的防火责任。

3. 饭店是否有专职或兼职的防火安全责任人？

大、中型饭店要配备专职消防主管或消防员，小型饭店要配备兼职消防责任人。

4. 饭店是否建有义务消防队？是否配置了必要的消防器材和设施？

饭店应当建立一支义务消防队，并配备必要的消防器材和设备。义务消防队要定期进行培训，做到平时能防火，发生火灾时能灭火。有条件的饭店要配备专职消防员。

5. 是否建立健全了各项消防安全制度？

饭店应当建立健全各项消防安全制度，如各岗位以及巡逻等防火检查制度；用火用电、易燃易爆物品安全管理制度；消防器材维护保养制度；客人消防安全管理制度等。

6. 对火险隐患是否做到及时发现并及时整改？

饭店要能够发现各种火险隐患，并及时加以纠正。对于一般火险隐患要登记，重大火险隐患要立案，每项火险隐患都要有专人负责，落实整改措施。一时整改不了的问题，要采取应急措施，以确保安全。

7. 饭店防火的重点部位是否明确？

饭店要划出防火的重点部位，如锅炉房、配电房、总机房、电脑房等。对重点部位要定点、定人、定措施，规章制度要健全，要有必要的防火、防爆、报警、灭火等设施。

8. 饭店内所有职工是否知道消防安全知识？

新录用的职工一定要经过消防安全教育，并经考核合格后，才能在店内工作。对电工、焊工、司炉工以及危险品保管等岗位人员要进行专业培训，考试合格，持有操作证才能进行操作。饭店要经常对全体职工进行提高防火警惕性教育和普及消防知识的训练。

9. 饭店是否有健全的防火安全计划、火灾紧急行动计划、火灾疏散计划和灭火战斗计划？

要根据饭店的情况，建立一套完整的消防计划，包括防火安全计划、火灾紧急行动计划、火灾疏散计划和灭火战斗计划。保安部还需要定期组织操作演习上述各项计划。

10. 是否把饭店的消防工作纳入饭店的正常工作？

在检查、总结、评比工作中，要把消防列为一项重要的内容。对消防工作有显著成绩的，要给予表彰奖励；违反消防规章制度的，要严肃处理。

案例4－2

哈尔滨天潭大酒店特大火灾案

2003年2月2日，哈尔滨天潭大酒店特大火灾，造成33人死亡，10人受伤，直接财产损失近16万元。

哈尔滨天潭大酒店自1999年12月18日开业到发生火灾的2003年2月2日，严重违反国家的有关消防法规：酒店内始终未安装火灾自动报警系统、自动喷淋系统、机械防排烟系统。在公安机关消防监督机构发出责令限期改正通知书后，该酒店仍拒绝改正，未消除火灾隐患，并违反有关规定，严重疏于管理。2003年2月2日，该酒店工作人员在取暖煤油炉未熄火的状态下加注溶剂油，引起爆燃，导致火灾。由于该酒店对消防工作极不重视，平时不注重消防组织管理，也没有任何消防预案，发生火灾后饭店工作人员不知所措，导致33人死亡。

2004年7月27日，哈尔滨市道外区人民法院以消防责任事故罪依法分别判处被告人祁胜利（酒店总经理）有期徒刑五年、祁胜东（酒店副总经理）有期徒刑五年、祁艳华（酒店副总经理）有期徒刑三年，3名被告人共同给付哈尔滨市道外区人民政府为天潭大酒店垫付的被害人赔偿款741 810.65元。法院还以非法经营罪分别判处被告人赵忠礼有期徒刑二年零六个月，并处罚金30 000元；判处被告人郭旭有期徒刑一年零六个月，并处罚金10 000元；判处被告人沈洪洋有期徒刑一年零八个月，并处罚金10 000元。

评析：

按照国家的有关规定，饭店应当成立消防委员会，它是饭店最高一级的消防管理组织。按照"谁主管，谁负责"和"领导负责，分级管理，各负其责"的原则，饭店的总经理应当是饭店消防工作的总责任人，副总经理也应当对饭店的消防工作负责，不能因为饭店有保安部，自己就对消防工作不重视。国内很多饭店的高级管理人员往往只重视经营效益，忽视消防管理工作，这应该是最大的消防安全隐患。

提示：

(1)保安部要确定饭店的消防安全责任人。总经理即是饭店消防安全工作的总责任人，全面负责饭店的消防安全工作。各部门经理即是本部门的消防安全工作责任人，全面负责本部门的消防安全管理工作。保安部要同各部门签订岗位责任书，严格落实"谁主管，谁负责"的方针政策。

(2)保安部可对照本章的"饭店消防工作衡量标准的基本要求"，找出本饭店消防安全工作的问题，并及时整改。

(3)保安部要定期检查并测试饭店的火灾自动报警系统、自动灭火系统、火灾联动系统等消防系统，使之处于良好的运行状态。

三、如何组织饭店义务消防队？

根据我国消防法规的精神，饭店应当建立一支义务消防队。这支消防队是不脱产的义务消防队，平时加强训练，在饭店发生火灾时，能够进行灭火战斗，扑灭初起火灾。

参考方法一

义务消防队的人员来自各个部门，以保安部、工程部、客房部、前厅部和餐饮部人员为主。

参考方法二

考虑到饭店在任何时候都有可能发生火灾，消防队的人员应分布在各个班次。

参考方法三

义务消防队的消防训练工作一般由饭店的人事部和保安部负责组织工作，保安部负责技术训练。

基本对策：

步骤一：义务消防队的人数目前国家尚没有统一的规定，各饭店可根据当地公安消防或上级部门的要求确定。江苏省旅游局和公安厅于 1991 年 6 月联合颁布的《江苏省旅游涉外饭店安全管理规定》中提出“保安部人员编制，应视饭店实际状况配备，但不得低于员工数与床位数之和的百分之三”，“饭店应明确一名领导为消防安全责任人，配备专职防火员，并建立健全群众性义务消防组织”。上海市公安局在 1986 年 10 月下发的《关于切实加强高层建筑消防工作的紧急通知》中提出，“饭店义务消防队人数不少于职工总数的百分之八十”，这几乎要求所有的职工都是义务消防队员。

在当地没有对饭店义务消防队人数作出统一规定的情况下，各饭店应当根据自身的情况予以确定。一般来说，应当在任何时候（全天 24 小时）都保持 4 ~ 8 名义务消防队员在饭店的工作岗位。

步骤二：保安部应定期对消防队员进行培训，也可以请当地消防队派人员来饭店进行培训。饭店消防委员会对义务消防队的工作应给予指导，并在人力、物力和训练所需要的时间上给予大力支持。

步骤三：为防止有些部门以人手紧，工作繁忙为由，拒绝派本部门的义务消防队员参加训练活动，保安部应当同人事培训部配合将义务消防队员的培训工作纳入饭店的考评体系。

步骤四：在组织义务消防队员进行培训时，要注意从如何发现火灾隐患、如何处理火情、如何报警、如何疏散客人、如何保护重要设施设备着手，而不仅仅只限于培训如何灭火。

四、消防计划有哪些内容？ 如何制订？

无论一个饭店的消防设备如何先进，消防工作做得多么好，也不能够保证火灾永远不会在该饭店发生。从世界上一些发生火灾的饭店案例来看，越是大型的、豪华的饭店，发生火灾时损失越惨重。

参考方法一

各个饭店应当根据自己饭店的特点，制订出一套消防计划。这个消防计划应当是一个完整的、符合本饭店情况的计划，它包括防火安全计划、火灾紧急行动计划、火灾疏散计划和灭火战斗计划四个部分。

参考方法二

制订防火安全计划。防火安全计划，是指饭店各部门和岗位防火工作的工作程序、岗位职责、注意事项、规章制度以及防火检查等项工作的总称。

我国消防条例规定，消防工作，实行“预防为主，防消结合”的方针。饭店消防工作也是如此，应把重点放在防火上。除了每个部门（岗位）要有防火安全措施与制度外，还要有全饭店统一的防火措施与制度。

参考方法三

制订火灾紧急行动计划。火灾紧急行动计划，是指在饭店一旦发生火灾的情况下，饭店所有人员需按照事先设定的程序采取行动的计划。火灾紧急行动计划要根据饭店内各部门的布局及人员状况用文字的形式制订出来，并需要经常进行训练。

参考方法四

制订火灾疏散计划。火灾疏散计划，是指在饭店发生火灾后，人员和财产紧急撤离出火灾现场到达安全地带的行动计划。在制订该计划时，要考虑到饭店建筑物和周围场地等情况，保证饭店内所有的人员及重要财产、资料尽快地疏散到安全地带。要规定客房、餐厅、娱乐场所、购物商场以及其他场所的客人由谁来负责疏散，各个部门的行动路线，撤离到安全地带后的集中地点。客房部负责人要确保客房部范围内每一位客人和职工都撤离到指定的场所，并携带当班职工的名册，清点本部门人员。前厅部负责人要确保大厅内的客人和工作人员都撤离到指定场所，要把住店客人的名单带上，以便清点人员。其他各部门人员到达指定场所以后，要迅速查点人数，如有未撤离人员，立刻上报，组织营救。

饭店详细的火灾疏散计划应当包含下列内容：

1. 各部位、各楼层和全楼的具体疏散路线和方案，以及所属部位的疏散负责人。

2. 疏散行动命令如何发布及各部位疏散的时间要求。

3. 如何通过烟雾区以及过火区域等。

3. 如何进行定期或不定期的演习和训练。

总之，必须使饭店所有的人员都熟悉疏散路线，了解疏散计划以及在发生火灾的情况下，自己应当如何进行疏散，并能够正确地引导客人进行疏散。

参考方法五

制订灭火战斗计划。饭店在制订灭火战斗计划时应当包含以下的一些内容：

1. 饭店总平面图。要注明四周建筑物、给水管网上消火栓的位置、给水管尺寸等。

2. 建筑及外形特点。要注明车辆进出口通道、电梯间、防烟楼梯间的位置等。

3. 饭店内部消防设备布置图,如自动灭火设备安装点;室内消火栓布置图,以及消防水泵房、进水管路、蓄水池、阀门位置等。

4. 根据饭店具体情况绘制的灭火行动平面图。要解决抢救物资和清理火场通路的问题。灭火战斗计划应同时考虑利用楼梯作为灭火和抢救疏散物资及清理火场的通道,如果楼梯烧坏了,就要改变原计划的通行路线。灭火战斗计划还应考虑可能出现诸如楼梯被货物或火场残物堵塞,或者被火烧毁而不能进入等情况。

基本对策:

步骤一:在制订防火安全计划时,要把饭店内每个部门乃至每个岗位容易发生火灾的因素找出来,然后逐一制定出防止火灾发生的措施与制度,并建立起防火安全检查制度。

步骤二:在制订饭店防火安全计划时,要注意尽可能细致、全面、可行、实用,要包括饭店的所有部门与岗位,如各部门、办公室和其他必要的场所都要配备足够的灭火器材;饭店的安全疏散通道的门要有自动关闭装置,并且随时都要处于关闭状态,不得上锁或用物品堵塞通道,保证安全疏散通道在任何情况下都畅通无阻;除饭店指定的可以吸烟的场所外,其他地方不准吸烟;未经批准,任何部门和人员都不得乱拉、乱接电源;动用明火须得到保安部的批准等等。

步骤三:一般来说,现在的饭店都有自己的消防计划。但是,很多饭店的消防计划内容空洞,缺乏可操作性。如果制订者在制订消防计划时,能够考虑到四个“W”和一个“H”,就容易做到可操作性。这四个“W”和一个“H”是“Who”、“What”、“When”、“Where”和“How”。

“Who”,“谁”,即代表人。在制订消防计划时,制订者要考虑这个计划由谁去实施;发生火灾后员工向谁报警;谁负责向消防队报警;发生火灾时,一系列的决定由谁发出;等等。

“What”,“什么”,即代表物。在制订消防计划时,制订者要考虑到在发生火灾时,灭火人员需要携带什么物资、器材以及应急工具,等等。

“When”,“什么时间”,即代表时间。在制订消防计划时,制订者要考虑,一旦饭店发生火灾,什么时间通知消防队;什么时间通知客人进行疏散;饭店在平时什么时间进行消防测试;等等。

“Where”,“哪儿”,即代表地点。在制订消防计划时,制订者要考虑,在饭店发生火灾时,指挥部应当设在哪儿,消防器材放在哪儿,等等。

“How”,“如何”,即代表如何去做。在制订消防计划时,制订者要考虑,一旦发生火灾,饭店如何快速及时地灭火;在平时,如何培训职工;等等。

五、如何做好前厅部的防火工作?

从饭店发生火灾的比例来看,前厅部发生火灾的比例虽然没有客房、厨房、康乐等部门高,造成的灾难也没有上述部门严重,但由于前厅在饭店处于很重要的位置,是饭店的脸面,一旦发生火灾很快会被外界所知,给饭店带来的负面影响较大。

因此，前厅部不能忽视对消防的管理。

防火墙一

前台工作人员要随时注意大厅内的人员和物品情况，及时发现并制止客人将易燃易爆、枪支弹药及其他各种危险物品带入饭店。一经发现立即通知保安部和值班经理。

防火墙二

前厅各部位工作人员要注意往来人员情况，随时注意客人是否扔掉未熄的烟头和火柴棒等，防止由此引发火灾。

防火墙三

为防止因为客人吸烟、乱扔烟头所引起的火灾，在大厅的适当地方（比如沙发旁、电梯旁等）配置足够的烟灰缸。

防火墙四

行李寄存处不得替客人存放易燃易爆、枪支弹药及各种危险物品，如有发现立即报告保安部。

防火墙五

总机房、电脑房、行李寄存处等场所内严禁明火和吸烟。

防火墙六

前厅部各工作点的防火责任人要经常检查本部门的防火安全情况，确保本部门的防火安全。

防火墙七

各工作点不得私自安装电气设备，如工作需要，由工程部负责安装，并由各工作点的防火责任人经常检查是否安全可靠。

六、如何做好客房部的防火工作？

客房是一个封闭的地方，在发生火情时往往不易被发现。当火情发展到一定程度形成灾害时，组织扑救已相当困难。根据国内外饭店火灾统计，发生在客房内的火灾占饭店火灾的比例相当高。因此，客房的日常防火工作就显得非常重要。客房发生火灾的主要原因，一般有以下几种情况：

火灾原因一

客人卧床吸烟引起火灾。如 1969 年 1 月美国芝加哥山楂饭店的火灾，这场火灾烧死 4 人。在客房发生的火灾中，因吸烟而造成的火灾占很大比例。烟头虽是一个不大的火源，但它却能引起许多可燃物质的燃烧。因为燃烧的烟头的表面温度为 200～300℃，中心温度可达 700～800℃。一般可燃物质的燃点都在烟头表面温度之下，如纸张的燃点为 130℃，棉、麻织物为 200℃，木材为 250℃，涤纶纤维为 390℃。一支香烟燃烧的时间为 4～15 分钟，如果剩下的烟头为烟长的 1/4，则燃烧时间为 1～4 分钟。由于烟头有这样高的温度，又有相当长的燃烧时间，所以当烟头与上述可燃物接触时，就很有可能把它们加热到燃点而引起燃烧。

烟头扔在固体的可燃物质上，由于烟头的热量有限，一般不会立即发生燃烧，只是在烟头热量能够影响的范围内氧化，也就是小范围的阴燃。在阴燃过程中逐渐积聚热量，随着热量的增加又逐渐扩大氧化面积，加剧氧化程度。这样不断地扩展，当热量达到一定程度时，便出现火焰，开始较快速地燃烧。这种阴燃所需要的时间可达数小时，在通风不良的情况下，可长达十多小时。

火灾原因二

酗酒后吸烟引起火灾。如哈尔滨天鹅饭店发生的特大火灾。

案例 4－3

哈尔滨天鹅饭店特大火灾案

1985 年 4 月 18 日深夜，哈尔滨天鹅饭店 11 楼发生特大火灾，大火波及 21 间客房，其中 6 间全部烧毁。在火灾中有 10 人丧生，其中有外国客人 6 人；重伤 7 人，其中有外宾 4 人；直接经济损失约 250 000 元。

天鹅饭店位于哈尔滨市香坊区中山路，1979 年 8 月 16 日破土动工，1980 年因故暂停施工。1982 年 4 月重新上马建造，1983 年 12 月竣工。按原计划，饭店要到 1984 年 7 月才能正式营业，而有关领导则要求尽早开业。这样，在内部设备尚未配齐，有些消防设施也尚未安装的情况下，于 1983 年 12 月 31 日便仓促开始试营业了。

1985 年 4 月 18 日，美国客人理查德·斯·安德里克到哈尔滨炼油厂洽谈业务，下榻天鹅饭店，安德里克住在 11 楼 1116 号房间。当日 21 时 30 分左右，安德里克参加完炼油厂招待的晚宴后回饭店，他穿着衣服躺在床上抽烟。睡着后，烟头掉落在床上，引燃床上被褥。23 时许，他被烟呛醒，在未采取任何措施的情况下打开房门，未将房门关上径自离开房间。因他离开客房时打开了房间门，形成空气对流，以致火势很快从室内蔓延到室外，酿成了大火。

当时正值深夜，住在饭店的大部分客人都已入睡，刚起火时，大家都未发觉。23 时 40 分左右，住在 1116 房间对面的 1123 房间的一位日本客人听到门外有异常响声，便打开房门察看，这时，走道里已是烟雾弥漫。这位日本人意识到饭店发生了火灾，他一边设法逃生，一边敲打沿途经过的客房门。人们发现起火后，即打电话报警，但由于通信线路不畅，直到 19 日零点 37 分，消防部门才接到报警。消防部到达后于1时29分将火势控制住,2时14分将大火扑灭。这次大火使整个11层楼的26个房间有6间客房被全部烧毁,13个房间部分受损,受灾面积500平方米以上。

评析:

美国客人安德里克当晚赴宴会喝了许多酒,回到饭店后卧床吸烟,当他被烟呛醒后未采取灭失措施,打开房门离开时又未将房门关上,加速了燃烧发展过程,从而导致了一场特大火灾。这是这场特大火灾的直接原因。但是,这场火灾也反映出饭店在消防安全管理方面存在的严重问题,如饭店消防设施不健全;饭店对员工的消防安全培训教育不够;饭店没有建立火灾疏散程序;饭店消防安全管理制度不全等。

提示:

(1)客房服务员要密切注意吸烟客人,尤其是酒后吸烟的客人。客房服务员如有发现上述情况,要立即报告保安部。保安部要密切关注该客房的情况。

(2)天鹅饭店在消防设施不全、未获得公安消防部门同意的情况下就仓促营业,这是火灾发生及人员死亡的重要原因。如果当初能及早安装这些设备,那么就有可能及时发现火灾,及时将火灾扑灭在初起阶段。所以,高层饭店一定要有完善的消防设备,包括报警、灭火和疏散设施,绝不能带着重大消防隐患营业。

(3)保安部要建立巡逻制度,尤其在夜间更要加强饭店的巡逻。现在很多饭店为了"减员增效",将保安部的日常巡逻取消了,这样做对于安全管理来说,容易留下隐患。

火灾原因三

乱扔烟头、火柴棒引起火灾。如1988年元旦,泰国曼谷第一大饭店发生大火,烧死13人,事后查明这起大火就是由客人乱扔烟头引起的。

火灾原因四

客房内电气设备故障引起火灾。如1987年俄罗斯大饭店的火灾是客房内的彩色电视机发生故障引起的。

针对以上几种情况,饭店客房部应在员工的工作程序与职责中把防火责任明确下来。

如何预防:

防火墙一

客房服务员要熟悉住店客人的情况,要勤看、勤听、勤闻、勤检查,善于发现存在的火灾隐患。注意饮酒过量和吸烟的客人,发现异常情况立即汇报。

防火墙二

在日常打扫客房卫生时,要把烟灰缸内没有熄灭的烟头用水浸湿,然后再倒入垃圾内,不能将未熄的烟头直接倒入垃圾内。

防火墙三

客房内应禁止使用电炉、电饭锅、煤油炉、电熨斗等危险用具，要在“宾客注意事项”中注明客房内禁止使用这些用具的事项。如发现客人使用，要立即阻止，并报告有关部门处理。

防火墙四

要及时清理本楼层和客人房间内的易燃物品，如不用的报纸杂志、废纸木箱等，以减少火患因素。

防火墙五

因工作需要所使用的吸尘器、打蜡机、洗地毯机等电气设备发生故障时，不得私自处理，应通知工程部维修。

防火墙六

每日打扫卫生时注意检查房内的电器、电线和插头等，如有短路、漏电、超负荷用电、线头脱露等现象，应及时采取措施并上报有关部门。

防火墙七

饭店发生火灾造成大量人员死亡的原因之一是，在发生火灾时，由于楼层的疏散通道被堵上，客人无处逃生，造成大量的人员伤亡。如哈尔滨天鹅饭店的火灾，就是因为着火的11层楼的疏散通道被员工锁上，在发生火灾时，客人无处逃生，造成了大量的人员死亡。

所以，要保证饭店各楼层的过道、楼梯、安全疏散通道无任何物品堆放，确保在任何时候都畅通无阻。客房部应确保本辖区内的消防器材和设备完好、清洁，保证客房区域安全通道的畅通并保持消防通道的门处于关闭状态，并应当在门上张贴“防火门请保持常闭”的告示。

防火墙八

客房内所有的装饰材料应尽可能采用非燃烧材料或难燃烧材料，如地毯、床罩、窗帘等尽可能使用能阻燃的材料。客房所使用的照明灯具，如果配置或使用不当也会引起火灾。

防火墙九

客房内有台灯、立灯、床头灯和吊灯等各种灯具。这些照明灯具大多是使用白炽灯泡，白炽灯泡内的灯丝在额定电压下电流通过时，灯丝的温度高达2 000～3 000℃，因此白炽灯泡表面温度很高，如果散热条件不好，并且通电时间较长，灯泡表面温度还会增高。所以饭店内的灯罩一定要阻燃，要采用客人不易将衣物等易燃品放在灯具上烘烤的灯具。

防火墙十

卫生间内要控制安装插座，如必须安装，应尽可能远离淋浴喷头。一般安装在洗面台盆的左、右上方为宜，要有防水盖。

防火墙十一

要通过各种形式向客人宣传：不要躺在床上吸烟（见图4－3）；烟头和火柴棒不得乱扔；离开房间时，要关闭房内电器开关等。

图4－3 "请勿在床上吸烟"告示牌

防火墙十二

为防止客人离开房间时，未将电器开关关上，饭店可使用取电开关，作为房间的总电源控制器。客人进房间，将钥匙卡插进电源开关，房间有电，客人离开房间取出钥匙，房间自动断电。这样既可节约能源，又可以避免饭店由于电器故障引起的火灾。但是，饭店在购买这种电源开关时要注意，一定要用只认该房间钥匙的电源开关。如果任何一张卡片都能控制开关，起不到安全与节能的作用。

防火墙十三

在客人离开房间后，服务员要认真检查房内有无火患等不安全因素。

防火墙十四

客房的工作人员应当熟悉饭店的各种应急措施，能够熟练地使用各种消防器材。

七、如何做好洗衣房的防火工作？

如何预防：

防火墙一

洗衣房内的电气设备应定期检查，不能带故障操作，下班后要指定专人负责切断电源、锁好门。

防火墙二

洗衣房的员工在工作时，严禁将电熨斗直接放置在布面工作台上，要放在阻燃材料，如砖、石棉等做成的垫座上。人离开操作台时，要将插头拔下。

防火墙三

在机器运转、高速脱水时，工作人员严禁离机。

防火墙四

烘干后的棉织品，要散开去热，防止自燃起火。

防火墙五

一旦发现机器设备出现异常情况，要立即停机并报告工程部，必要时应先切断电源。

八、如何做好餐饮部的防火工作？

餐饮部发生的火灾在饭店火灾中并不少见。比如 1967 年 12 月 30 日，加拿大蒙特利尔市香普堡饭店发生大火，造成 1 500 万美元的损失。这场大火就是从一个餐厅的餐桌开始燃烧的。1990 年 3 月，埃及开罗的喜来登五星级豪华饭店发生大火，死亡 20 人，大火最初也是从餐厅的餐布上开始燃烧的。造成餐厅火灾的原因主要有客人吸烟和服务人员没有按安全操作程序工作等。

如何预防：

防火墙一

在客人用餐及举行各种宴会过程中，随时注意客人吸烟划着的火柴及未熄灭的烟头是否掉在烟灰缸外面。在收台布时，注意不要把未熄的烟头卷入台布内，以免引起火灾。在清理垃圾时要先将烟头用水浸湿，再倒入垃圾里。

防火墙二

在使用火锅和酒精灯时，要遵守操作规程，不要在燃烧时添加燃料。2007 年南京某饭店客人在餐厅用火锅，服务员在添加燃料时，炉中的火还没有熄灭，添加的燃料滴在桌子上，随即燃烧起来，幸亏扑救及时，只烧坏了桌布和台面。

防火墙三

在进行大型宴会或集会等人员众多的情况下，要保证出入口和疏散通道的畅通。

防火墙四

在婚宴或其他一些大型活动过程中，为了增加气氛，客人会施放烟花等易燃品，以增加婚宴或活动的效果。但是如果处理得不好，极易引发火灾。如2007年5月5日，南京一家饭店的大宴会厅内正在进行婚宴，来宾在厅内燃放烟花时，烟花冲到天花板上，将天花板上悬挂的装饰物点燃起火。由于手提消防器材够不到天花板，结果造成严重的后果。

所以，饭店要绝对禁止在餐厅内燃放烟花。

防火墙五

在宴会、集会和日常工作后要检查餐厅内有无烟头等，消除隐患，指定专人关闭电源、锁好门窗。

防火墙六

餐厅所使用的备用酒精存放量不得超过2天的用量，应放在备餐间内由专人保管。

九、如何做好厨房的防火工作？

由于厨房直接与火打交道，不仅有火源且有多种易燃物品，所以厨房应是饭店防火的重点。

如何预防：

防火墙一

厨房的各种电气设备的安装和使用必须符合防火安全要求，严禁超负荷使用。各种电器绝缘要好，接头要牢固，要有合格的保险装置。

防火墙二

厨房各种电气设备的使用和操作必须制定安全操作规程，并严格执行。比如在使用燃气灶时，必须按照“先点火后开气”的操作规程。

防火墙三

厨房在炼油和炸、烘、烤各种食品时，油锅、烤箱内的温度不要过高；油锅内的油不要太满，人员不要离开，以防引起火灾。如1987年1月7日，菲律宾马尼拉假日饭店的厨师在工作时由于违反操作规程，烹饪时不注意引起大火，造成了严重的后果。

防火墙四

煤气（天然气）管道及各种灶具附近不准堆放可燃、易燃、易爆物品。气罐与燃烧器及其他火源的距离不得小于1米。各种灶具及液化石油气罐的维修与保养应指定专门人员负责。

防火墙五

由于排烟罩的油垢较多而引起的火灾在饭店业屡见不鲜，因此，厨房的炉灶要保持清洁，厨房在每天工作结束后要对排油烟罩、灶台进行清洁，防止因油烟过多引发的火灾，排烟管道要定期清洗。

防火墙六

凡是使用煤气、天然气、液化石油气的地方都必须制定安全操作规程，建立岗位责任制。

防火墙七

要定期检查设备、管道有无漏气现象，厨房的温控装置是否处在良好状态，不能带病工作。

防火墙八

安装煤气(天然气)泄漏报警器，以防煤气(天然气)泄漏。

案例4－4

液化石油气泄漏引起大火

1971年的圣诞节早晨，韩国汉城(今首尔)大然阁饭店的客人还在梦中，突然这个22层的大楼内充满了有毒的烟雾，一场大火迅速在大楼内燃烧。人们在楼内四处奔跑逃命。大火扑灭后，查出死亡163人，受伤64人，而起火的原因是厨房用的液化石油气的阀门出现裂缝，气体大量外漏造成的。

评析：

如果当时该饭店安装了液化石油气泄漏报警器，在厨房的液化石油气阀门出现裂缝，气体大量外漏的情况下就会立即报警，也就不至于发生如此惨重的后果。

提示：

(1)饭店应当安装煤气(天然气)泄漏报警器，一旦发生煤气(天然气)泄漏，可以及时采取措施。

(2)厨房要定期检查煤气(天然气)的管道，以防煤气(天然气)泄漏。

(3)制定应急预案。

防火墙九

使用火源时工作人员不得随意离开炉灶，以防发生意外。

案例4－5

人离灶台，火源未切断，油锅起火

2006年，在山东某四星级饭店，一天该市领导正在饭店的大宴会厅举行活动，突然饭店的消防警铃声大作。很快，市消防车到达饭店。

经查，当晚饭店厨房的李厨师在油锅的火源没有切断的情况下，离开灶台去取食品原料。结果同其他人谈话，忘了灶台上还有火头。过高的温度使油锅内的油起火，火苗直蹿油烟罩。由于油烟罩内有油垢，很快油烟罩着火。在场的厨师当时慌了手脚，有人拿起另一只锅盖在着火的锅上。但是，火苗还是从第二个锅盖的把手旁冒出。

等消防队到达饭店时，饭店内已经一片混乱。这场火给饭店造成了非常严重的后果，也使饭店的声誉受到了极大的影响。

评析：

类似山东这家饭店的情况在饭店业较为普遍，所以饭店一定要订立严格的消防安全制度，严格规定：在烹饪过程中，如果火源没有切断，绝对不能离开灶台。

提示：

(1)定期擦洗油烟罩，使之处于无油烟的状态。

(2)有条件的饭店可以使用运水烟罩。厨房在烹饪过程中，运水烟罩内的水会将烹饪过程中产生的油烟里的油过滤掉，减少因烟罩内的油垢过多引起火灾的可能性。

(3)厨房配备相应的灭火器具，如石棉毯、灭火器等。

防火墙十

各厨房要指定专人负责防火工作，在下班前要由专人认真清理炉灶，保证火头全都熄灭、阀门全部关紧后方可关门。

防火墙十一

高楼层厨房不宜使用瓶装液化石油气。煤气(天然气)管道应从室外单独引入，不得穿过客房或其他房间。

防火墙十二

厨房内要配备各种足够的防火和灭火器材与设备，各厨房内应配备灭火毯。

防火墙十三

气罐应存放在通风良好的地方，不得卧放、倒置。

案例4－6

煤气爆炸引起大火

1995年2月15日晚，台湾地区台中市卫尔康西餐厅的吧台在煮咖啡时不慎引起煤气爆炸，经过5小时的奋力扑救，直至第二天凌晨大火才被扑灭。这次火灾造成73人死亡，成为台中市有史以来伤亡最惨重的火灾。

评析：

本案例中的事件主要是由于餐厅对煤气罐的处置不当引起的。为什么气罐不能卧放和倒置呢？气罐立放时，罐内的下部石油气呈液态，上部是气体。打开阀门使用时，首先冲出的是气体，随着气体的溢出，下部的液体又逐渐气化，使罐内上部的气体始终保持一定的压力。如果气罐卧放或倒置，靠近瓶口处多是液体。当打开阀门时，冲出的往往是液体，流经阀门和减压器后，迅速气化。液化石油气从液态变为气态，体积大约扩大250倍。突然有这么多的气体冲出，就大大超过了灶具的负荷，容易产生两种可能：一是蹿起很大很高的火焰，引起附近可燃物燃烧；二是气体来不及完全燃烧，就有发生爆炸的危险。

提示：

(1)饭店使用的气罐千万不能倒置。

(2)饭店不要将厨房设在高楼层。

(3)如果饭店已经将厨房设在饭店的高楼层，一定要使用管道燃气，并且要定期进行安全检查，防止漏气。

十、如何做好库房的防火工作？

一个饭店往往有好几个不同种类的库房。有客房部的布草房、客房部的用品仓库、采购部的进货库、工程部的各种物资仓库，还有各部门自管自用的库房等。从消防安全角度来看，饭店的库房可分为两类：一类是普通物品仓库，另一类是危险品仓库。危险品库房一般库存有客房用的火柴、汽车用的汽油、餐饮用的燃料、工程部用的各种油漆和化学原料以及乙炔、氧气瓶等易燃、易爆物品等。

如何预防：

防火墙一

严格禁止吸烟、使用明火和携带火种进入库房，库房应当设置明显的“禁止烟火”标志(见图4－4)。库房的门口及通道不得堆放物品，应保持畅通无阻。

防火墙二

保安部负责消防的人员要经常对各种仓库进行消防安全检查。

图 4－4　禁止烟火标志

防火墙三

库房内的照明灯具及线路必须按照规范，由正式电工安装、维修。库房内禁止乱拉临时电线，不准超负荷用电。发现线路老化等问题要及时请工程部更换。

要定期对库房的电线进行绝缘检查，发现可能引起打火、短路、发热和绝缘不良等情况，必须及时维修更换。

防火墙四

各库房要根据货物的不同性质分类、分库存放。不能将性质不同、灭火方法不同的货物同库混存。

防火墙五

库房内存放的物品要分类码放整齐，要按防火的“五距”要求堆放。“五距”是指：(1)顶距，即货物距离顶层 50 厘米；(2)灯距，即货物距离灯具 50 厘米；(3)墙距，即货物距离墙壁 50～80 厘米；(4)柱距，即货物距离柱子 10～20 厘米；(5)垛距，即货物垛与垛之间应为 100 厘米。库房内主要通道不得少于 1.5 米宽。

防火墙六

库房内不得使用电炉、电取暖器、电熨斗、电烙铁等电器设备。

防火墙七

仓库的保管员及其他值班人员除懂得饭店的一般防火、灭火知识外，还须经过库房消防知识和灭火器材的使用训练，做到平时能防，遇火能救，确保安全。

防火墙八

库房周围不得堆放易燃物品及油料。

防火墙九

饭店要设置专门的库房，存放物品，不要随便找个地方做库房。库房的装修一定要使用阻燃材料。

防火墙十

库房不准代私人保管物品，也不能擅自答应存放未经领导同意的其他单位或部门的物品。

防火墙十一

未经批准，任何外人不得进入库房。因工作或业务需要进入库房的人员，在进入库房时要由仓库保管员陪同。

防火墙十二

凡是因工作需要而使用的易燃、易爆物品在进饭店以前应到消防中心备案。这些物品必须存放在易燃、易爆物品仓库，其贮存量不能过多，一般应控制在使用一周的量以内。

防火墙十三

饭店的易燃、易爆危险品仓库的防火间距与建筑要求，必须符合国家防火规范的标准。按照《中华人民共和国消防法》的规定，建立易燃、易爆物品的管理制度，加强检查和值班巡逻，确保安全。

防火墙十四

易燃、易爆物品库房和贵重物品库房内的照明，必须采用防爆灯。所有照明开关都必须装在库房外面，要有防雨、防潮保护并要有能加锁的保险盒。

防火墙十五

易燃、易爆物品库房内不能使用任何电器设备。

防火墙十六

各仓库的保管人员每天下班前要进行防火安全检查，确无问题、关闭电源后方可锁门离开。

十一、如何做好电气设备的防火工作？

电气电路火灾，是饭店常见的火灾原因之一，其主要原因有短路、电线老化、超负荷、接触电阻过大和电火花等。电气设备的防火重点要放在电气设备的维修、保养、更换和检查工作上。

如何预防：

防火墙一

饭店的电工必须经过电业部门正式考核，发给证书后才能进入饭店的岗位，未获得证书者不得单独操作。电工要认真学习掌握电气知识和国家有关电气安全规范及操作规程，严格执行电气安装操作规程和电气消防安全管理制度。电工要严格执行电工手册的规定，高标准地进行各种安装与维修工作，不得违反操作规程。发现不符合规定的电气设备或者被强迫在不符合要求的场所安装电气设备时，饭店的电工要向有关部门汇报。

防火墙二

安装和维修电气设备必须由专业电工按规定操作。新增加或更换电气设备要经过主管部门、技术部门和安全部门共同检查，合格后方能通电使用。

防火墙三

各种电气设备和线路不准超负荷使用。接头应牢固，绝缘要良好，不得使用不合格的保险装置。

防火墙四

饭店要定期检查电气设备和线路，发现可能引起火花、短路、发热及电线损坏等情况，要立即修理。

配电线路的火线与火线、火线与地线碰在一起，引起电流突然大量增加，这种现象叫短路。短路时，由于电阻小，电流会突然增大，在短时间内产生大量的热量，引起附近的可燃物燃烧。造成短路的主要原因有：

1. 没有按具体要求选用导线，使得绝缘体受高温、潮湿或腐蚀作用失去绝缘能力。
2. 电压超过线路的额定电压，使导线绝缘被击穿。
3. 绝缘陈旧或损坏，线芯裸露。

防火墙五

电线穿过墙壁、地板或与其他物体接触时应用瓷或金属的套管加以隔绝。在其他部位增设新的线路，如不用金属套管，必须使用铅皮或胶皮电缆线。

防火墙六

在饭店的任何部位安装、修理电气设备时，未经试验正式通电使用之前，安装、修理人员离开现场时必须切断电源。安装检修所使用的临时照明灯必须使用低压手把灯。

防火墙七

配电房的电气设备的各种安全保护装置必须保证完整、准确、灵敏和有效，变压器和电缆等处不得漏油。经常检查各部件的功能情况，发现问题要立即采取有效措施，并及时修复。各种电气设备应定期进行检修和擦洗。

防火墙八

配电房内应保持清洁、干燥，要有良好的通风。门和窗户以及出线孔等处必须严密，防止小动物进入，破坏电气设备或咬坏线路。

防火墙九

配电房等重要电气设备房，要严禁火种入内，并设置告示牌（见图4－5）。如在室内动用明火，需经保安部的同意，并采取相应的措施。

图4－5 禁带火种警示牌

防火墙十

在检修、保养电气设备以及擦洗零部件时，所使用的汽油等易燃物品应妥善管理，用剩的汽油、擦布要及时处理，不得乱扔。

防火墙十一

所有电气设备的安装及线路敷设应符合规定，在设计增添大的电气设备及线路时，必须经过有关供电、消防部门审核同意，方可进行施工安装。

防火墙十二

火灾报警装置、自动灭火装置、事故照明等消防设施，应备有应急电源；消防设施的专用电气线路应穿管敷设在非燃烧体结构上，并应定期进行维护检查，以保证随时可用。

防火墙十三

配电室设在客房楼内时，要作防火分隔处理，其耐火极限不能低于2小时。

防火墙十四

主要的电气设备、移动电器、避雷装置和其他设备的接地装置，每年至少进行一次绝缘及接地电阻的测试。

防火墙十五

未经有关领导批准，外来人员（包括学习、参观、施工人员等）禁止进入配电房、空调机房、电梯机房等重要部位。经批准进入的人员，必须办好登记手续，由值班人员负责陪同。

案例4－7

电器设备失修、故障引起的火灾

1983年12月28日凌晨，北京友谊宾馆发生重大火灾，烧毁建筑面积3000多平方米，直接经济损失高达198万元。这场大火的起因竟是一只小小的电铃。电铃的使用寿命通常为10～20年，而这个宾馆的电铃已使用了30年没有更换，以致酿成大祸。

1980年11月，美国拉斯维加斯市的MGM大饭店由于电器故障造成火灾，使84人死亡、679人受伤。

1985年11月13日，深圳市京鹏大厦15层楼的1506号房间因电线短路引起沙发起火，造成火灾。

1986年7月15日，台湾地区高雄皇都饭店发生火灾，7人死亡，经济损失达5000万台币，其原因是电灯线走火引起。

1990年8月13日夜，上海绿杨村酒家突然起火，受灾面积250平方米，直接损失20万元。可悲的是这个酒家曾于1986年发生过火灾，后来耗资200万元对酒家进行装修，于1990年4月方才复业。火灾过后，经联合调查组确认，起火原因是因为配电箱的上方漏水，导致箱内电气线路受潮漏电打火，引燃箱内电线而形成火灾。

2004年12月21日，湖南常德市桥南宾馆内一通电状态下的电视机内部故障引起特大火灾，大火将相连的桥南市场（全国十大批发市场之一）5500个摊位烧毁，火灾损失超过10亿元。

2006年3月18日，吉林延边新桥饭店由于霓虹灯电线短路引起特大火灾，造成5人死亡，饭店全部烧毁。

十二、如何做好电、气焊的防火工作？

对饭店动用明火的管理，是饭店防火工作的重要一环。饭店在使用电、气焊等明火或其他容易引起火花的作业时，一定要严加管理，采取相应的措施，防止操作不慎引发火灾。饭店内的一切明火作业应当经过保安部和工程部的批准。

火灾原因一：电、气焊火星引起火灾

在使用电、气焊等明火作业时，有大量的火星飞溅和高温的熔渣，如果遇到可燃物，很快会燃烧，此类案例，如1985年12月16日北京紫薇宾馆的火灾和2000年12月25日洛阳东都商厦娱乐城的特大火灾等。

火灾原因二：焊、切作业时的火焰引起火灾

在进行焊、切作业时，电弧和火焰温度非常高（电弧温高可达3600～6000℃，火焰温度可达3000℃左右），辐射的热量也很强，很容易引起易燃物着火，此类案例，如2004年6月9日北京京民大厦的特大火灾等。

火灾原因三：因机器故障引起火灾

所使用的氧气瓶、乙炔发生器如果在作业过程中操作不当，会发生爆炸起火的危险。

火灾原因四：因操作不当引起火灾

在作业时，如果电焊机接触不良，电阻热高或下班时未断电，也容易引起火灾，此类案例，如2007年，江西某饭店的火灾。

火灾原因五：易燃物品未清洗干净引起火灾

焊接盛装过易燃、可燃液体的容器、管道时，如果没按操作规程将容器、管道内易燃、可燃液体清洗干净，在进行工作时会引起爆炸起火的危险。

火灾原因六：悬空作业，火花下落引起火灾

焊接的熔渣或火花落在下面或附近的易燃物或裹在工作服或手套上时，能引燃起火，此类案例，如2000年12月25日洛阳东都歌舞厅的特大火灾，造成了309人死亡。

案例4－8

北京紫薇宾馆电焊机短路火灾案

1985年12月16日，北京紫薇宾馆在11层和12层楼敷设电线套管。敷设金属套管要用电焊焊接，而当天进行焊接工作的潘某既非正式电焊工，在作业时又未采取任何相应的安全措施。由于电焊机发生短路，产生的火花引燃了周围的易燃物品造成火灾。

2004年6月9日，北京京民大厦在装修时因电焊引起特大火灾，共造成11人死亡、37人受伤（死伤者多为服务员）。

2007年，江西某饭店在大楼的层楼敷设电线套管，而当天进行金属套管焊接工作的人员既非正式电焊工，在作业时又未采取任何相应的安全措施。作业时，电焊机发生短路，产生的火花引燃了周围的易燃物品造成火灾。

如何预防：

防火墙一

电气焊工应经过专门培训，掌握焊割工作的安全技术，并经考试合格，方可独立操作。

防火墙二

在饭店的任何部位动用电、气焊等明火器材都必须经本部门领导同意，并向消防中心申报，领取动火证后方能作业。

防火墙三

使用电、气焊等明火器材时，要选择安全地点。作业前要仔细检查上下左右情况，清除5米内的任何易燃、易爆和可燃物质。如因场地所限，不能清理，应采取浇湿和遮隔等安全可靠措施加以保护，以确保安全。用电、气焊在高空进行焊接时，应清除5米以内的一切可燃物。

防火墙四

电、气焊工在操作前要对焊割器具进行全面检查，严禁使用安全保护装置不全或失灵的焊割工具。乙炔发生器的回火装置及胶皮管遇冷冻时，只能用热水或蒸汽解冻，严禁用明火烘烤或用金属物敲打。乙炔发生器必须使用中压罐。

防火墙五

焊割作业及点火时要严格遵守操作程序。焊枪要放在安全地点。焊割结束或中途离开现场时，必须切断电源和气源，仔细检查现场，在保证确无余火复燃的危险时方可离开。

防火墙六

电焊机地线不准接在建筑物、机器设备、各种管道上，必须设立专用地线。电焊机的各种导线不得破损、裸露。安装地线时应注意防止电火花引起燃烧，工作完毕要及时关闭电源。

防火墙七

严禁在有可燃气体爆炸危险的场所焊割。特殊情况下必须在附近焊割时，应按有关规定，保持一定距离。焊割的地点与乙炔发生器和氧气瓶的距离不少于10米，氧气瓶与乙炔发生器保持5米以上的距离。

防火墙八

焊割现场必须配备灭火器材，危险性较大的地点要设专人现场监视。

防火墙九

氧气瓶不得放在阳光下暴晒，也不能靠近电灯、电线。工作完毕后应关紧氧气瓶的阀门，关闭电源。

防火墙十

焊割操作不准与油漆、喷漆、木工等易燃操作同部位、同时间、上下交叉作业。

防火墙十一

在饭店内动用明火作业应当经过保安部批准。保安部在批准动火时，应掌握以下原则：

1. 防火、灭火措施不落实的不批准动火；
2. 周围的易燃杂物未清除的不批准动火；
3. 附近难以移动的易燃结构未采取安全措施的不准动火；
4. 凡盛装过油类等易燃液体的容器、管道未将残存的油质洗刷干净的不准动火；
5. 凡盛装过气体受热膨胀有爆炸危险的容器和管道不准动火；
6. 凡储存有易燃、易爆物品的仓库、场所未经排除易燃、易爆危险的不准动火；
7. 在悬空作业时，下面的可燃物品未清除干净或未采取安全防护的不准动火；
8. 未配有相应灭火器材的不准动火。

防火墙十二

动火前保安部要指定现场安全负责人。现场安全负责人和动火人员必须监视动火情况，如发生火灾要及时扑救。

防火墙十三

动火人员要严格遵守和执行有关安全操作规程。动火作业结束后现场负责人和安全责任人应进行消防安全检查，彻底清除火患后才能离开现场。

案例 4－9

洛阳东都商厦娱乐城特大火灾案

2000 年 12 月 25 日 21 时 35 分，河南省洛阳市东都商厦娱乐城发生了震惊全国的特大火灾，造成 309 人死亡，7 人受伤。

洛阳东都商厦共六层，地面四层，地下两层（称为负一层、负二层）。负二层对外出租开了家具店；负一层及地上一层租给郑州市丹尼斯量贩，开办了丹尼斯量贩洛阳东都店；二层、三层属东都商厦，正在装修；四层为东都商厦和丹尼斯量贩的共同办公处，中间为“东都歌舞厅”。

该歌舞厅原定于几天后正式开张，但老板不希望错过“圣诞之夜”的商机，以“试营业”的名义于 12 月 25 日晚对外开放。自晚上 19 时开始，便陆续有人到来，到晚上20时，大约有450人在歌舞厅进行圣诞狂欢活动。火灾发生时，歌舞厅内大大超出了正常容量。

当晚19时许，洛阳丹尼斯东都分店的员工王成太用电焊焊接负一层、负二层之间的楼梯遮盖钢板时，电焊火花顺着钢板的方孔溅入负二层，引燃了负二层家具城内存放的木质家具、海绵床垫和沙发等可燃物品，产生大量的一氧化碳、二氧化碳和其他有毒、有害气体。王成太等人发现后，用消防水龙头从钢板上的方孔向负二层浇水，在扑救无效后，逃离现场。

随后火势蔓延，烟雾在充满整个负二层后，沿东北、西北角楼梯上蹿，地上一层至三层东北、西北角楼梯与商场有防火门分隔，楼梯间形成烟囱效应，大量有毒高温烟雾通过上下通道聚集至四楼。在歌舞厅开门的瞬间，烟雾急速扩散进入歌舞厅。四楼歌舞厅本有东北角和西南角两个紧急出口，但东北角出口被烟雾和大火封堵，无法通行，西南角吧台处的出口在充满烟雾的情况下，难以发现，仅有少数人员从此通道逃到三楼楼梯平台处获救。由于人多路窄，加之有毒高温烟雾使人在极短时间内窒息昏迷，最终造成309人死亡。

洛阳市消防队接到东都商厦发生火灾的报警后，立即调集公安民警和消防官兵800余人、消防车辆30余台进行扑救。经过艰苦奋战，于26日凌晨零时37分才将大火完全扑灭。

事发后公安机关调查认为，东都商厦严重违反消防安全要求，灭火系统、应急照明、疏散标志等均无，是公安消防部门责令停业整顿的单位。商厦经营者严重违法，擅自将逃生楼道用铁栅栏封住，致使在发生火灾的情况下，人员无法逃生。火灾发生后楼梯间形成烟囱效应，致使火势迅速蔓延。由于该商厦一、二、三层都有防火门隔离，致使大量高温有毒气体聚集四楼冲入歌舞厅，在短时间内使人昏迷丧失逃生能力，导致大量人员窒息死亡。

评析：

这次特大火灾的直接原因，是装修工在电焊作业时，没有考虑消防安全问题，没有采取任何措施。着火后王成太等人既不报告，又未能成功灭火，最终酿成特大火灾。所以饭店在进行电焊等作业时一定要考虑到消防安全问题，绝不能有侥幸的心理。

提示：

(1)饭店在进行电、气焊等明火时要时刻注意消防安全，杜绝火灾的隐患。

(2)在饭店内任何地方动用明火作业，都必须通过保安部批准。保安部在批准动火时，要按照上面提到的“八个不批准动火原则”严格把关。

(3)在任何时候都要保持消防通道的畅通。

(4)饭店在经营管理中，要严格执行国家的有关消防安全法律、法规，绝不能带着消防隐患经营。

十三、如何做好锅炉房的防火工作？

锅炉房防火工作的重点是注意防止锅炉爆炸起火，要建立健全锅炉房的各项规章制度。

如何预防：

防火墙一

各种锅炉都必须制定操作规程和岗位责任制。高压锅炉房还必须制定司炉工守则，严格执行，并逐人逐项落实。

防火墙二

锅炉的司炉工，必须经过有关部门培训，考试合格领取证件后方可独立上岗。

防火墙三

各锅炉的安全阀、水位表、气压表，必须灵敏有效。锅炉的烟筒不得漏火，与可燃物体要保持足够距离。锅炉房内不得堆放易燃、易爆物品。

防火墙四

各种锅炉的炉体、灶具、管道、阀门、烟道、安全阀、水表等要定期进行检查，发现有裂缝、空隙或隔热不良等情况，要立即进行检修。烟筒、烟道要定期清除灰尘。

防火墙五

高压锅炉的蒸汽管道、放热器，距可燃结构应有足够的距离。蒸汽管道伸向的各部位不得存放易燃、易爆物品。

防火墙六

锅炉房和蒸汽管道上不得烘烤衣物。

防火墙七

锅炉房要严禁烟火，并设置“禁止易燃物”标志（见图 4－6）。如需要动用明火，必须经保安部的批准，并采取相应的措施。

图 4－6　禁止易燃物标志

十四、如何做好娱乐场所的防火工作？

近几年，娱乐场所在我国发展很快，除饭店设有不同的娱乐场所外，一般城市都有不少专营的娱乐场所。娱乐场所的火灾近几年频频发生，造成大量的人员伤亡和财产损失。

火灾原因一：可燃装饰材料多

很多娱乐场所的装饰材料使用了易燃材料，且未做任何防火处理，一旦发生火灾，火势蔓延迅速。如2007年，国内某饭店的康乐部发生特大火灾，造成重大人员伤亡和财产损失。该康乐部的歌舞厅在年初刚刚装修，在未经消防部门审批验收的情况下擅自对外营业。歌舞厅的装潢中大量使用了易燃材料，内部管理混乱，无夜间应急照明设施，且店内安全通道不畅，导致悲剧发生。所以，饭店在装修时要尽量采用阻燃材料。

火灾原因二：灯具使用多

娱乐场所装有各种各样的灯具，有些灯具的瓦数很大，会产生很大的热源，易引发火灾。大量灯具的使用会使电负荷增大，也极容易发生火灾。还有的饭店发生火灾是因为灯具故障所致，如2006年底，国内某饭店因霓虹灯的电线短路引起大火，烧毁6 000平方米的建筑，直接经济损失达千万元。

火灾原因三：电器着火

娱乐场所的音响、放映等电器设备较多，用电负荷大，如果电器电线安装不符合要求，极易造成火灾。如1994年2月11日，河南省郑州市的红宝石大酒店，因霓虹灯的电线短路引起大火，烧毁600平方米的建筑，直接经济损失达100万元。

所以娱乐场所在电器电线安装上要符合国家的要求，不能乱拉乱接电器、电线。

火灾原因四：消防设施、设备配备不足

很多娱乐场所火灾的发生与蔓延，是由于没有配备足够的消防器材所致。特别是承包的娱乐场所，舍得花大价钱搞装潢，却舍不得花钱配备消防设施设备。在火灾发生时，由于没有足够的消防设施、设备，火势得不到控制，以至酿成大火。

如何预防：

对于饭店的娱乐部来说，防火问题是安全防范的重点。

防火墙一

娱乐场所的设计、装修和管理一定要符合《公共娱乐场所消防安全规定》的要求。

防火墙二

按照“谁主管,谁负责”、“谁经营,谁负责”、“谁装修,谁负责”的原则,确定法人代表为防火责任人,建立岗位防火责任制,加强管理人员、服务人员、安全人员的消防培训。他们既是落实消防措施的主体,又是火灾发生后的组织指挥者。因此,提高他们的消防意识,帮助他们掌握灭火知识,使他们具有一定的自防自救能力,大有益处。

防火墙三

严格规范装修材料的使用,加强装修队伍的管理。凡面积超过 100 平方米的娱乐场所的装修,要明确规定使用阻燃和难燃材料。对使用的易燃和难燃材料要涂刷防火涂料或阻燃剂做防火处理。

防火墙四

所有的电线要使用金属阻燃套管。

防火墙五

将娱乐场所列入防火重点。保安部要对不规范的娱乐场所限期整改,绝不姑息。

防火墙六

康乐部使用电器较多,接线板的插头不能太多,插头要牢靠,移动电器的插头与插座接触要牢固,否则会因接触电阻过大而发热起火。

防火墙七

加强明火管理。有些饭店的演艺场所会使用一些易燃易爆物品做烟火效果,保安部一定要对这些场所加强明火管理,要有专人负责监督防火的情况。

防火墙八

要密切关注吸烟的客人,尤其是饮酒过量吸烟的客人,谨防因吸烟引起的火灾。

防火墙九

安全出口和疏散通道应保持畅通,不得上锁,不得堆放杂物阻碍通行。尤其在大型的活动中,一定要始终保持安全出口的畅通。

防火墙十

所有的安全门和安全疏散通道要有醒目的安全疏散标志。

防火墙十一

安全疏散通道要安装应急照明灯,以便在发生火灾停电的情况下,人员能够找到安全出口。

以下是近年发生在我国娱乐业的特大火灾案：

1994 年 11 月 15 日凌晨 1 时许，吉林省吉林市的银都夜总会发生大火，大火波及夜总会附近的市博物馆和市图书馆，造成大量珍贵文物和图书被毁，我国唯一的一具完整的恐龙化石在这场大火中烧坏，损失无法估量。

1994 年 11 月 27 日，辽宁省阜新市艺苑歌舞厅发生特大火灾，共有 233 人在火海中丧生，成为建国至当时伤亡人数最多的火灾之一。

1994 年 12 月 8 日，新疆克拉玛依市友谊馆发生特大火灾，正在馆内观看演出的 323 名中、小学生被烧死或窒息死亡、132 人受伤，直接经济损失 3 800 万元，成为新中国成立以来火灾死亡人数最多的一次火灾。

1995 年 4 月 17 日，台北市“快乐颂”卡拉 OK 厅发生火灾，造成 12 人当场死亡。

1995 年 12 月 8 日，广州广涛阁芬兰浴发生特大火灾，造成 18 人死亡。

1995 年 12 月 25 日，浙江舟山金海饭店一楼的歌舞厅发生大火，有毒的气体很快通过管道井蔓延到楼层客房卫生间，并弥漫到客房和走道，造成 15 人死亡。

1997 年 1 月 25 日，香港九龙一家歌厅发生火灾，造成 15 人死亡。

1997 年 3 月 15 日，沈阳唐人歌舞厅发生重大火灾，死亡 10 人。

1999 年 8 月 20 日，四川自贡市休闲楼夜总会发生特大火灾，死亡 13 人。

2000 年 3 月 29 日，河南焦作市天堂音像俱乐部发生特大火灾，造成 74 人死亡。

2000 年 12 月 25 日，洛阳东都歌舞厅发生特大火灾，死亡 309 人。

2005 年 6 月 10 日，广东汕头华南宾馆卡拉 OK 厅发生火灾，由于卡拉 OK 厅没有配备足够的灭火器材，导致火势迅速蔓延，最终造成 31 人死亡、15 人受伤的特大火灾。

2005 年 10 月 10 日，山东威海某饭店舞厅火灾，造成 10 人死亡。

案例 4－10

辽宁阜新艺苑歌舞厅特大火灾案

1994 年 11 月 27 日 13 时 30 分，辽宁省阜新市艺苑歌舞厅发生特大恶性火灾，造成 233 人死亡，4 人重伤，直接经济损失 12.8 万元。

1994 年 11 月 27 日 13 时 20 分左右，舞厅 3 号雅间内的吴志国在给邢胜利等人散发香烟，邢胜利坐在角沙发顶部，用卷着的报纸燃火点烟，随手将未熄灭的报纸扔进所坐沙发的破损洞里，致使角沙发起火。而后，邢胜利和陈福生把起火沙发两侧的沙发拉出，跑到吧台拿来汽水灭火，用脚踩火，未能扑灭。火势蔓延，火焰蹿出 3 号雅间，将舞厅墙壁悬挂的装饰布点燃，火势迅速扩大。人们一起拥到只有 0.8 米宽的北门逃生，由于门窄拥挤，且有 5 级台阶，有的人又返回到南安全门（安全门平时上栓挂锁，很少有人知道）。在舞厅的 304 人中除逃生的幸存者71名外，其余233人不同程度一氧化碳中毒，无力逃离火场，导致有的被烧死，有的窒息而亡。

评析：

第一，该舞厅在1994年6月进行装修时，使用了大量的易燃装饰材料，尤其是悬挂于四周墙壁的装饰布，垂直燃烧速度极快。在装修完毕后没有向文化、消防部门申请验收便开始营业。此后，虽经有关部门检查督促，经营者仍未整改，消除隐患。

第二，该舞厅在经营中没有能将防火工作放在首位，在当天有大量的人员在舞厅的情况下，居然将舞厅锁上。在舞厅起火后，经营者又没有及时打开安全门进行疏导。

第三，舞厅在装修时使用了易燃的室内装饰材料，在燃烧过程中产生大量一氧化碳，很快造成了大量人员的伤亡。

这起特大火灾伤亡事故为新中国成立以来罕见，震惊国内外，造成了很坏的影响，教训十分深刻。

提示：

(1)虽然该特大恶性火灾是邢胜利用卷着的报纸燃火点烟所致，但舞厅的消防管理也存在着诸多的问题。如果该舞厅在装修时，或者经有关部门确认存在严重消防隐患的情况下及时整改，火灾还是可以避免的。

(2)在众多的饭店群死群伤的恶性火灾中，绝大多数都是由于疏散通道堵塞所致。所以，饭店在进行大型活动时，一定要保持疏散通道的畅通。

(3)保安部应当制定详细的饭店消防安全管理规定和发生火灾情况下的行动方案，并且要不断地对员工进行消防培训。

十五、如何做好会议厅、礼堂、剧场的防火工作？

有些较大的饭店附设有会议厅、礼堂、剧场等，如果防火不当，极易造成火灾。如1983年12月28日，北京友谊宾馆发生火灾，损失达198万元，这场大火就是从剧场开始燃烧的。1994年12月8日，新疆克拉玛依市友谊馆发生特大火灾，正在馆内观看演出的323名中、小学生被烧死或窒息死亡，132人受伤，直接经济损失3800万元。这是新中国成立以来死亡人数最多的一次火灾。

会议厅、礼堂、剧场内电气设备多，用电量大，在演出过程中，舞台上需要使用大量灯光，如果安装不良，或者三相用电不平衡，造成局部过载，会使电器线路发热，绝缘层加速老化损坏，发生漏电、短路而引起火灾。移动灯具的插头与插座如果接触不良，会因接触电阻过大而发热。灯具的位置与可燃物(特别是幕布)的距离过近时，极易因温度过高而烤燃起火。会议厅、礼堂、剧场内有多种易燃物质，而且一旦燃烧，很容易蔓延。如果有大量人员在场的情况下发生火灾，容易造成混乱、拥挤以致造成重大伤亡。

如何预防：

防火墙一

会议厅、礼堂、剧场建筑的耐火等级以及楼梯间、安全出口、走道、太平门等，均应按照国家有关规范设计装修。

防火墙二

舞台的电气设备，要符合防火安全要求，严禁在舞台上使用铝芯绝缘导线，要做到三相平衡用电，不得超过负载，要将用电量控制在额定范围内。

防火墙三

歌舞厅舞台上照明灯具安装的位置，在使用前要进行检查。演出时所使用的灯具距离可燃物（特别是幕布、布景）和其他可燃物应不小于40厘米，如果距离过近极易因温度过高而烤燃起火。所有移动的灯具，应采用橡胶套电缆，插头和插座应保持接触良好。调压器等易发热的设备，应安装在不燃烧的基座上。

防火墙四

严禁在舞台上吸烟，应设定专门的吸烟室。

防火墙五

舞台上演出使用易燃易爆物品做火焰效果时，必须得到保安部的批准，并由专人负责监督。

防火墙六

会议厅、礼堂、剧场内不得堆放其他任何易燃物。

防火墙七

安全出口、走道和太平门应保持畅通，不得上锁，不得堆放杂物阻碍交通。尤其在大型的活动中，一定要始终保持安全出口的畅通。

防火墙八

所有的安全门和安全疏散通道要有醒目的安全疏散标志。

防火墙九

在每次的活动结束后，应指定专人负责切断电源，进行防火检查，确信无异常情况后方可离开。

防火墙十

如果会议厅、礼堂、剧场设在大楼内，所有的安全疏散通道要安装应急照明灯，以便在发生火灾停电的情况下，人员能够找到安全出口。

十六、发生火灾时如何报警?

当饭店的工作人员发现饭店内发生火灾时,首先需要做的事是什么呢?通知消防队?报告总经理?组织客人疏散?还是尽快灭火?这些看来都很重要,但究竟做什么关系重大?如果程序得当,能够赢得时间,化险为夷,把火灾的损失控制到最低程度。

参考方法一

饭店一旦发生火灾,比较正确的做法是先报警。我们这里所指的报警是通过饭店的报警系统向饭店消防中心报警。有不少饭店的火灾是由于工作人员在火灾初起时,自信能够很快把火灭掉,在火越烧越大无法控制时,才想起要报警,但为时已晚。还有一些饭店在平时没有很好地组织职工培训,当职工发现火情时,惊慌失措,大叫大喊,造成了混乱,给灭火工作带来很大困难。饭店应当使每一名职工明白,除非是非常小的并且是有把握可以一下子扑灭的火情,否则在任何情况下都应当首先报警。

参考方法二

保安部经理和失火部门经理接到火灾报警后,应当立即抵达现场,组织扑救,并视火情向公安消防队报警。是否向消防部门报警,要由饭店领导决定。

如何预防:

防火墙一:根据情况安装合适的火灾报警系统

饭店的火灾报警系统有多种,总体可分为两类:一类是火灾自动报警系统,有感烟式火灾报警、感温式火灾报警等。另一类是手动报警系统,有击碎报警按钮器玻璃即报警的破玻系统;有通过电铃进行的报警系统;还有通过电话向有关部门的报警。饭店应当根据自身的情况安装必需的火灾报警系统。

自动报警系统一般由两部分组成:火灾探测器和火灾自动报警控制器。但起主导作用的设备还是火灾探测器。目前国内外生产的火灾探测器的种类很多,但广泛用于饭店的探测器主要有感温式探测器、感烟式探测器(见图4-7)、感光式探测器等。每种类型的探测器又有不同的型号。探测器为什么能发现火灾情况呢?这是因为在火灾发生时,往往会伴生烟雾、高温和火光。在发生火灾并伴有烟雾、高温和火光产生时,报警系统就改变平时的正常状态,引起电流、电压或机械部分发生变化或位移,再通过放大、传输等过程,发出警报声;有的还可以发出灯光信号,并显示出发生火灾的部位、地点。

感温式火灾探测器,又分为差温探测器、定温探测器和差定温探测器。其中差温探测器灵敏度较高,反应速度也较快,适用于温度变化率小的场所,例如客房和仓库等处。定温探测器除用于一般场所外,还适用于温度变化率大的场所,例如锅炉间、厨房等处。差定温探测器是兼有差温和定温两种功能的探测器。

感温式探测器，一般用于饭店的厨房、餐厅、客房等场所，根据不同的场所选择不同的定温型。厨房一般选用93℃定温型，客房一般选用68℃定温型。

感烟式探测器的原理是用各装有一片放射性物质镅241α源构成的两个电离室和场效应晶体管等电子元器件组成的电子电路，把火灾发生时的烟雾信号转换成直流电压信号而报警。感烟式探测器一般用于客房和公共场所。

感光式探测器。感光式探测器有两种：一种是红外线火灾探测器。其工作原理是利用红外线探测元件接收火焰自身发出的红外辐射，产生电信号报火警。另一种是紫外线火焰报警器，它是利用紫外线探测元件，接收火焰自身发出的紫外线辐射而报警。感光式探测器主要用于电器机房等场所。

离子感烟探测器是目前在我国用量较大的一种火灾探测器，主要适用于建筑物内(室内)低粉尘环境，而且被保护对象在着火后能产生烟雾的场所。它可作为火灾的早期报警设备。离子感烟探测器不适于安装在高温度和粉尘大的场所，也不能安装在层高超过20米和有腐蚀性气体的场所。

图4-7 感烟式探测器

防火墙二：设定火灾报警程序

饭店发生火灾，是否通知消防队，应当通过设定火灾报警程序确定下来。如果要向当地消防队报警，应当由当天在场的担任最高行政职务的消防委员会成员来决定，其他任何人员无权直接通知地方消防队。如果饭店职工直接通知地方消防队，往往会造成一些混乱。因为饭店是一个人员高度集中的场所，在任何时候饭店内都有成百上千的人员，大多数的客人对饭店的构造情况不了解，一旦听说饭店失火，他们会不知所措。有些比较小的火情，饭店是能够在短时间内组织人员扑灭的。如果不分火情大小，就把消防队的消防车调来，会给客人造成心理压力，也有损于饭店声誉。但是如果火情较大，就一定要通知消防部门。所以饭店将报警的程序设定下来非常重要。

基本对策：

步骤一：解决火灾自动报警系统误报警的问题。饭店安装火灾自动报警系统是饭店防火行之有效的手段之一。但是，自动报警系统的误报问题也是饭店比较头疼的一个大问题。有的饭店每天发生误报的情况可多达数起。尤其是在使用的火灾自动报警系统的质量不是很好的情况下，误报警问题更为突出。很多饭店的火灾都是由于误报警过多，放松警惕而引起的。

误报警有两种情况：一种情况是，当火灾发生时，产生了大量的烟雾，并且温度在不断升高，而自动报警探测器并不报警。这种情况称为危险性误报，非常危险。危险性误报主要取决于自动报警器的质量，虽然这种自动报警器不报警的发生率很小，但它的危害性很大。如1980年11月21日，美国米高梅大饭店发生特大火灾，当时饭店内的自动报警系统失灵，没有发出警报。大火迅速在饭店蔓延，结果造成84人死亡、679人烧伤，饭店财产损失达3 000万美元，成为美国自1946年亚特兰大市温可夫饭店大火（死亡119人）以来最严重的饭店火灾。饭店在选择自动报警器时，一定要选择质量过硬的产品。

误报警的第二种情况是，虚假性误报警，又称虚报。这种情况在饭店发生较多，情况也有多种。一是由于探测器的构造性质而产生的误报。尤其是离子式感烟探测器，不仅火灾生成物会使它动作，而且灰尘、水蒸气以及空气达到一定湿度都会引起探测器发生火警信号。还有其他一些非发生火灾的情况引起报警器误报的原因，如：

1. 室内温度过高，或探测器附近的温度过高；室内温差变化过快；空调机的热风直接吹到探测器上等。

2. 在探测器下点火、吸烟等情况。

3. 在室内做饭菜，造成烟雾过多等情况。

4. 客人在卫生间长时间洗澡，造成大量的雾气。

如果饭店的报警系统在饭店鸣响，而保安部已经确认是属于误报警，但在饭店内的一些客人不知发生了什么情况时，饭店就需要播放广播安定客人的情绪，其内容如下："女士们，先生们，请注意：我们已经查出，刚才警报是由于误报而造成的。对给您带来的不便，我们表示抱歉。谢谢。"

处理完误报警的情况后，保安部要根据情况进行分析，找出误报警的原因，防止再次出现同类的问题。

步骤二：设定报警等级。在饭店发现火情进行报警时，为了不惊动店内的客人，饭店应把报警分为两级。一级报警是在饭店发现火情时，只是在消防中心报警，饭店其他场所听不到铃声，这样不至于造成整个饭店的紧张气氛。二级报警是在消防中心确实认为店内已发生了火灾的情况下，向全饭店报警。

当饭店的义务消防队到达火灾现场，将火扑灭后，立即通知消防中心播放以下的内容："女士们，先生们，请注意：这里发生的紧急情况已经得到了控制。对给您带来的不便，我们表示抱歉。谢谢。"各饭店应当根据自己的客源情况分别用不同的语言进行广播。

步骤三：使用"破玻报警器"（见图4－8）报警。破玻报警器，又称手动报警按钮，安装在客房的楼层走道等场所，一旦发生火灾，将破玻报警器的玻璃面击破（有的是将玻璃按下去）饭店即刻报警。饭店在进行培训时要告诉员工，不要轻易使用这种报警系统。如果只是出现火警，员工能够消除隐患则不必使用。但是，如果确认发生火灾，而且火势较大，就要使用这种报警器报警，这时饭店的警铃系统就会鸣响。

图4-8 破玻报警器

十七、发生火灾时消防委员会如何行动？

基本对策：

饭店消防委员会在平时担负着防火的各项工作，一旦饭店发生火灾，消防委员会就肩负着火灾领导小组的职责。

步骤一：在饭店发生火灾或发生火灾警报时，消防委员会有关成员应立即赶到火灾指挥部。各饭店应当根据自己的布局，事先设立火灾指挥部的位置。火灾指挥部要求设在便于指挥、便于疏散、便于联络的地点。

步骤二：消防委员会有关人员到达指挥部后，要迅速弄清火灾的发生点、火势的大小并组织人员进行扑救。消防委员会对火场情况的了解，一般通过饭店消防中心人员提供，或由火灾现场保安员通过对讲机汇报，因为他们是最先了解饭店火患情况的人。

步骤三：消防委员会要首先了解以下的一些情况：

1. 火源的确切位置、燃烧物质的性质、燃烧的范围以及火势的蔓延方向。
2. 是否有人被困在火场，所处位置、人员数量、抢救的通道及需采取的措施。
3. 是电起火，还是其他原因。
4. 是否有重要物资、文件资料或贵重物品需要进行抢救。
5. 在进行扑救时需携带哪些器材，是否要进行破拆。

步骤四：消防委员会根据火情迅速作出如下的决定：

1. 是否通知当地消防队。
2. 是否通知客人进行疏散。

消防委员会着手组织抢救仍在火场的人员。

步骤五：在当地消防队到达之前，饭店消防委员会全权负责指挥灭火工作。当天在场的消防委员会担任最高职务的行政领导，即火场中的最高指挥，负责指挥饭店的灭火事宜。

十八、发生火灾时义务消防队如何行动？

基本对策：

步骤一：当饭店义务消防队队员听到火灾报警声时，立即赶到指定的集合地点。到达指定的地点后在规定的时间内穿好消防服。

步骤二：保安部了解火场情况的人员，迅速赶到集合地，当饭店义务消防队队员赶到指定的集合地点，在穿戴消防战斗服时，口头向他们简单介绍火场的情况、行动路线及需要携带何种消防灭火器材。

步骤三：义务消防队队员穿好消防服后，按照保安员所叙述的火场情况，携带平时配备的器具，由保安部人员带领赶赴火灾现场。

步骤四：如果饭店是高层建筑，保安部人员可带领义务消防队队员乘消防电梯在发生火灾的楼层以下一至两层下来。如果火势不大，可乘消防电梯至发生火灾的楼层以下一层，下消防电梯后，从安全通道赶到发生火灾楼层。在饭店发生火灾的情况下，千万不能乘坐客用电梯和员工电梯。

步骤五：饭店发生火灾时，争取时间尽快灭火非常重要。可是，有一些饭店在着火以后，当地的消防队到达时，消防电梯在大楼的上面。由于很多楼层都有人员在呼唤电梯，消防电梯在每一层楼面都要停一停，失去了灭火的宝贵时间。所以，当义务消防队到达着火的楼层后，由一名消防队员乘消防电梯至一楼，守候在消防电梯旁，等待当地消防队的到来。饭店要在消防工作程序中作出规定，在发生火灾的情况下，除义务消防队，其他人员无特殊情况，一律不得使用消防电梯。

步骤六：义务消防队到达着火的楼层或地点后，由保安部经理（或其他在场的管理人员）负责指挥灭火。

步骤七：在火灾现场的保安人员，负责用对讲机向饭店消防委员会随时汇报火场的情况。以便消防委员会根据火场的灭火情况进一步下达指示。

十九、发生火灾时保安部如何行动？

基本对策：

步骤一：保安部经理在得到饭店发生火灾的报告后，要立即携带对讲机等必备物品赶赴火灾现场查看。

步骤二：保安部的义务消防队员，或得到参加灭火指示的保安人员，迅速奔向火灾现场，沿途携带手提灭火器材，参加灭火战斗。

步骤三：饭店大门的保安人员在得到饭店发生火灾的消息后，要立即清理饭店周围的场地，为消防车的到来做好准备。有些饭店发生火灾后一片混乱，无人负责清理饭店周围的场地，以至当地的消防队到达以后，无法靠近饭店大楼，延误了时机。

大门的保安员要阻止无关人员进入，防止造成进一步的混乱，还要注意防范有图谋不轨者趁火打劫。

步骤四：职工通道及员工打卡处的保安员听到火灾警铃后，要立即把当天的考勤记录卡收集起来。当饭店所有的员工疏散到饭店指定的地点后，保安员要把各部门的职工考勤记录提供给各部门的负责人，以便查点当天在岗员工的人数。

步骤五：巡逻的保安员在火灾发生时，要注意保护好饭店的现金和其他贵重物品，并护送出纳员和会计把现金转移到安全的地方。保护好商场及公共场所的贵重物品，维持饭店的秩序。

步骤六：除得到指示参加灭火工作以外的其他岗位保安人员在发生火灾时，要严守岗位。随时注意有无不法分子浑水摸鱼。有许多饭店平时没有很好地组织训练，在发生火灾时，造成一些不必要的损失。如 1988 年元旦，泰国曼谷第一大饭店发生火灾，烧死 13 人，在发生火灾时，由于饭店没有组织保护好饭店客人的财物安全，火灾后许多客人投诉说：他们的相机、手表、珠宝及其他贵重物品和现金都被盗一空。

步骤七：保安部内勤应坚守岗位，不要离开电话机。把保安部重要的档案资料准备好，以便在接到撤离的指示时，把重要文件资料转移到安全地点。当接到火灾疏散的通知后，要迅速将通知传达到每一个工作点。

二十、发生火灾时前厅部如何行动？

基本对策：

步骤一：前厅部包括问询、开房、行李、收款及大堂经理等岗位。当饭店发生火灾报警时，靠近电梯的前台人员要把所有的电梯落下，告诫客人不要乘电梯，不要返回房间取东西。

步骤二：前台部位工作的人员负责把大厅所有通向外面的出口打开，迅速组织大厅内的人员疏散，协助维持好大厅的秩序，阻止无关人员进入大厅。

步骤三：在饭店发生火灾，消防警铃鸣响的情况下，客人会询问饭店发生了什么情况。大堂经理要坚守在工作台旁，答复客人的询问。对客人的询问可以回答："饭店刚才发生了报警声，我们正在查明情况，请保持镇静。如果警报声再次响起，或通知您进行疏散，请通过消防通道撤离大楼。我们的工作人员将在出口处引导您前往安全地带。"

步骤四：前台收款处的人员，要把现金、客账、重要资料整理好，由专人保管，在接到疏散的通知后，携带上述资料转移到安全的地方。

步骤五：当饭店的火势发展到一定的程度，在不危及人身安全的情况下，行李房的人员，要把客人的行李转移到安全地带。前台人员负责把饭店大厅内的贵重物品转移出去。

步骤六：前台负责开房的人员，要保管好客人的住宿登记等资料，在接到疏散的命令到达指定疏散地后，要根据住客登记的名单迅速清点人数。如果还有客人未撤离，要立即报告消防队前去营救。1986 年 12 月 31 日，波多黎各的杜邦饭店发生特大火灾，死亡 97 人，火灾后店方面对烧焦的尸体无法确认死者的身份和住址，因为饭店的全部资料都已烧毁。

步骤七：如果饭店将火警报警系统设置在总机房内，一旦显示器发出报警信号，总机人员要立即通知保安部到现场查看是误报还是火情。保安部在确认饭店发生火灾后，总机人员要立即通知以下人员：

白天：

1. 饭店消防负责人；
2. 着火部位所属部门的经理；
3. 保安部经理；
4. 客房部经理；
5. 工程部经理；
6. 总经理；
7. 大堂经理；
8. 医务室；
9. 餐饮部经理；
10. 其他有关部门经理。

夜晚：

1. 消防值班负责人；
2. 着火部位所属部门值班经理；
3. 保安部；
4. 夜班总经理/住店总经理/值班经理；
5. 工程部值班经理；

6 大堂夜班经理；

7. 客房部值班经理。

总机人员务必保证电话线路的畅通，并随时准备同当地消防部门取得联系。

步骤八：对于任何内部、外部无关人员的询问，一律不得谈论火灾的情况。对于饭店客人的询问，可以回答："我们正在查明情况，一有消息会立即通知您。"

步骤九：当火灾发展到一定程度，饭店消防委员会决定进行疏散时，总机话务员要根据平时准备的部门名单，迅速把通知传达到每一个部门。如果某一部门暂时无人应答，要在名单上做记号，回头再通知，绝不能漏通知。

二十一、发生火灾时客房部如何行动？

基本对策：

步骤一：当客房服务员听到火警的铃声时，应当立即查看火警是否发生在本楼层。如果火警发生在本楼层，通过楼层的"火灾显示盘"（见图 4－9）迅速查明报警来自哪个房间。如果本楼层确实发生火灾，要视情况组织疏散客人。

步骤二：当火灾发生在客房时，客房部经理应当立即到达着火楼层，指挥楼层服务员引导客人疏散，同时组织灭火工作。

步骤三：在检查客房或怀疑某客房发生火情时，服务员千万不可直接打开房门。要先用手摸一下房门，如果感到烫手就不能打开房门，因为此时房内的火已经很大。一旦轻易将房门打开，不但会使房内的火势迅速向外蔓延，还会造成人员的伤害。服务员应当将情况立即报告保安部，在义务消防队携带手提灭火器材做好灭火准备后，才能打开房门。

步骤四：如果只是有烟雾从房门缝里冒出，门把手和门体并不发热，一般是刚开始起火，这时可开个门缝，进去查看，如果火势不大，及时扑灭火源。

如果房内已出现火光，证明火势已发展到一定阶段，不能随便开门进入。要先准备好灭火器材，等义务消防队到达后，一开启房门便立即灭火。

如果房内火势很猛，切不可随便开门进入。一定要等待消防队准备好射水枪等灭火器材后，方可进入。

步骤五：如果火灾不是发生在本楼层，服务员就要随时做好疏散客人的准备工作。客房服务员要检查所有的安全疏散门和通道是否畅通，准备好客房的万能钥匙，做好疏散客人的准备。

步骤六：在接到疏散客人的通知后，如果本楼层有两名服务员在场，每人负责一侧客房的疏散与通知工作，以防止遗漏通知的情况。在通知和检查过的客房门口要挂上“火灾疏散已检查过”的牌子，或者用粉笔在房门上做个记号。这样做的好处是，一旦确认还有人员没有撤出大楼，需要再次寻找时，可以快速地进行检查。

步骤七：如果有人员被困，在寻找时要边搜寻、边同时大声呼：“有人吗?”或者呼喊被困人员的姓名，以便迅速找到被困人员。

步骤八：服务员在疏散客人时要注意帮助那些老、弱、病、残者，客人离开房间后要立即关闭好房门，以阻止火势进一步蔓延。

步骤九：客房部的秘书在饭店发生火灾的情况下，要整理好客房部的文件资

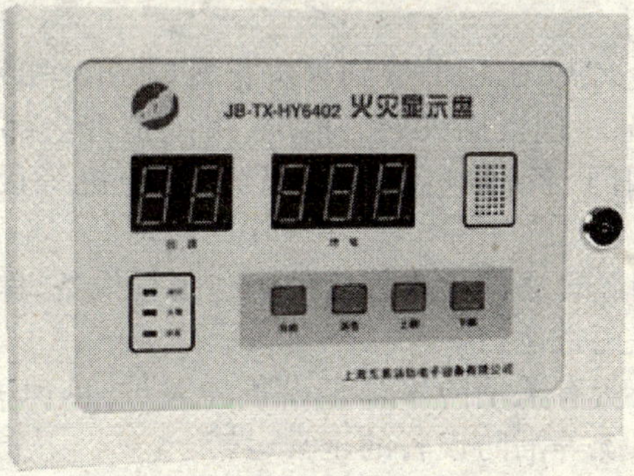

图4-9 火灾显示盘

料、客情考勤记录，守候在电话机旁等待通知，做好疏散准备。当接到火灾疏散的通知后，要迅速将通知传达到每一个工作点。

二十二、发生火灾时餐饮部如何行动？

基本对策：

步骤一：当饭店的火情发生在餐饮部的某个营业点时，当班的最高行政领导要迅速组织扑救，并疏散在场的客人。

步骤二：如果饭店的火灾不是发生在餐饮部区域范围内，餐饮部经理和总厨师长应查看所属部门，安定客人情绪，维持好现场的秩序，准备疏散客人。组织整理好内部文件资料和职工当班记录。

步骤三：如果火情发生在厨房内，工作人员应保持镇定，不要慌张。如果是油锅着火，用灭火毯将油锅盖上。如果是其他部位着火，厨房的行政领导要组织人员利用附近的灭火器材进行灭火。

步骤四：如果火情有扩大的趋势，根据情况关闭煤气（天然气）总阀门和分支阀门；关闭各炉灶门；关闭通风、抽风设备；关闭各种电器设备；妥善处理烹调用油。

步骤五：当接到疏散的命令时，各营业点的工作人员首先要把客人疏散出去。各个部位的主管、领班等行政领导要组织在场的所有人员进行疏散，在确保没有任何人员留下后方可撤离。

步骤六：餐饮部的秘书在饭店发生火灾的情况下，要整理好部门的文件资料，守候在电话机旁等待通知，做好疏散准备。当接到火灾疏散的通知后，要迅速将通知传达到每一个工作点。

步骤七：在疏散时，沿途要将所有的门窗关上，以减少饭店的损失。

二十三、发生火灾时工程部如何行动？

基本对策：

步骤一：饭店发生火灾，工程部接到火灾报警时，工程部经理应立即赶往火灾现场查看火情。工程部经理根据火灾的情况，决定是否全部或部分关闭饭店内的空调通风设备、煤气阀门、各种电器设备、锅炉、制冷机等设备，防止事态进一步发展。

步骤二：工程部副经理立即检查饭店的一些工程设备，保证必要的供水、供电，确保消防水泵、排烟机正常运行。

步骤三：工程部负责有关消防水泵等设备的人员，迅速进入工作场地，确保消防水泵、自动水喷淋系统等消防设备的正常运转。

步骤四：负责电梯的工程人员，应当将饭店的电梯全部落下，并查看是否有人员被关闭在电梯内。确保消防电梯的正常运转。

步骤五：如果火场附近有煤气罐、氧气瓶等危险品，工程部负责人要立即组织人员将上述危险品搬运到安全地带，以防发生连锁反应。

步骤六：工程部经理要组织对重要设备的保护和撤离工作。其他人员应坚守岗位，不得擅离职守。

步骤七：工程部的秘书在饭店发生火灾的情况下，要整理好本部门的文件资料，守候在电话机旁等待通知，做好疏散准备。当接到火灾疏散的通知后，要迅速将通知传达到每一个工作点。

步骤八：当饭店的火灾已发展到一定程度，消防委员会作出决定进行疏散时，工程部在撤离时应采取下列步骤：

1. 关闭所有电闸开关。
2. 关闭所有煤气（天然气）阀门。
3. 关闭所有制冷设备。
4. 关闭所有的锅炉。
5. 关闭所有的门窗。
6. 携带重要的工程资料。
7. 在场的最高行政领导要确保每一位职工撤离现场。

二十四、发生火灾时如何进行疏散？

饭店火灾一旦失去控制，就要尽快地把大楼内的人员和重要财产及文件资料撤离到安全的地方。这是一项很重要、工作量又很大的工作，组织不当，会造成更大的人员伤亡和财产损失。

参考方法一

饭店发生火灾时的疏散工作，需要根据本饭店的建筑布局和特点，预先制订一个较为详细的计划，并且要经常性地组织演练，这样才能做到临阵不乱。

参考方法二

在客房楼层、康乐、餐厅等部位工作的服务人员一旦发现本工作区域着火，如果火势不大，能够扑灭，要迅速利用附近的消防器材进行灭火。如果火势较大，一时扑灭不了，要向饭店的消防中心报警。报警后立即组织本区域的人员先行疏散。

参考方法三

其他岗位人员在得到饭店发生火灾的消息后，要迅速做好疏散的准备工作，等接到疏散通知后立即组织人员疏散。

参考方法四

饭店应当在平时将火灾疏散程序确定下来，并且进行培训和演练。

参考方法五

当饭店发生的火灾发展到一定的程度，需要进行人员疏散时，如何快速地将疏散通知传递到每个部门和岗位非常重要。如果整个饭店均采用口头通知的方法，要花费很多时间，由于时间的延长，可能会造成更多的人员伤亡，在大型的饭店更是如此。比较好的方法是采用警铃通知的办法，或是通过消防广播下达。

参考方法六

饭店如果采用警铃可以设定为两种情况。比如饭店可以设定一停一响的警铃火灾信号，这时，饭店的所有人员都知道，饭店某个部位发生了火灾，义务消防队听到一停一响的警铃火灾信号时，迅速到达指定的位置。消防委员会听到一停一响的警铃火灾信号后立即赶到消防中心等。

警铃声持续不断，可用来表示饭店的火灾已经到了一定的规模，一时难以扑灭，需要所有的人员进行疏散。这时，店内所有的人员应当开始有组织地进行疏散。是否把饭店人员疏散出大楼外，应由负责消防的领导来决定。

如火情不大、不需疏散时，要迅速关掉警铃，并向客人说明情况，其内容如下："女士们、先生们，请注意：饭店的警铃刚刚响起。我们正在查明情况。请您保持平静，在广播旁等候进一步的消息。谢谢。"

参考方法七

饭店也可以通过火灾疏散广播系统发出疏散的通知。有条件的饭店应当采取"强性切入"的方式，将要求疏散的广播切入到客房内。在发生火灾情况时，房内的收音系统能自动强性打开，包括立即停止房内正在收听的节目。

通知人员疏散广播的内容如下："女士们、先生们，请注意：现在饭店内发生了紧急情况。请您遵从饭店工作人员的指挥，从最近的疏散通道立即撤离出大楼。请不要使用电梯。"饭店要根据客源情况用中、英等语言反复进行广播。

如何预防：

防火墙一：疏散通知要事先设定

饭店火灾疏散的广播通知，应当事先用中、英文及其他语言（根据饭店的客源情况）视不同情景录制好。也可以用书面形式事先写下来，放在紧急播音室里。这样，在紧急情况发生时就不至于忙乱。

一般饭店的消防中心值班人员在发生火灾的情况下，不能用外语将饭店火灾及要进行疏散的情况很流利地说出来。所以，饭店最好事先将要通知的内容录制下来为妥。

防火墙二：要通知到每位客人

在进行紧急疏散时，客房部的服务员要注意通知客房内的每一位客人。尽管房间的客人可以通过广播得到通知，但由于饭店内居住着各个国家以及各种类型的客人，紧急广播不可能同时用多种语言进行广播，可能还有些客人停留在房内，这就需要服务员认真检查每一间房间。只有确定楼层内的客人已全部疏散出去，服务员才能撤离。

检查房间时，要同时检查卫生间和套间的所有房间。在确认房内无人时，然后在房门上做个记号，表示此房已检查无客人。可用两种方法做记号：一是在房门上挂个“火灾疏散已检查过”的牌子；二是用粉笔在门上画个记号：画个圈或打个叉（饭店事前约定）。

防火墙三：要阻止火势蔓延

所有的部门在进行疏散过程中，都要把房间的门窗关上，以阻止火势进一步蔓延，尽可能地减少饭店的损失。

防火墙四：客房设置火灾疏散图

《中国旅游饭店行业规范》第十二条规定：“为了保护客人的人身和财产安全，饭店客房门应当装置防盗链、门镜、应急疏散图，卫生间内应当采取有效的防滑措施。客房内应当放置服务指南、住宿须知和防火指南。”这里的应急疏散图，指的就是发生火灾时客人进行疏散时的路线指示图。应急疏散图应当设置在客房的门背后。

在设计应急疏散图时要注意：客人所在的房间应当用红色的圆点标注，沿途的疏散路线用红色线条标注。这样，客人在紧急情况下可以一目了然。（见图4－10）

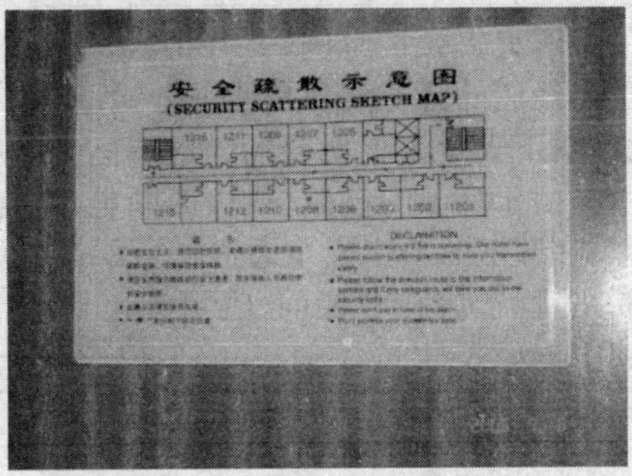

图4－10　应急疏散图

防火墙五：放置防火指南

根据《中国旅游饭店行业规范》的规定，饭店应当在客房内放置“防火指南”，告诉客人，一旦饭店发生火灾如何进行疏散。“防火指南”应当包括下面的一些内容：

告诉客人在住进饭店时查看一下疏散通道的位置，以备万一发生火灾时能迅速逃生；了解警铃及灭火器材的位置，一旦发现火患或烟雾，寻找最近的警铃报警或者拨电话通知消防中心；火势不大时，尽力协助扑灭，如果火势无法控制，立即关闭房门，迅速从疏散通道出去，千万不能乘电梯。离开房间疏散时，随身带一条湿毛巾。经过烟雾区时，用湿毛巾捂住嘴鼻，以防有毒气体。经过浓烟区时，要弯腰或爬行前进。用一件针织衣浸湿，套在头上，就可成为简单的防毒面具。用牙膏涂在暴露在外的皮肤上，可以防止火的熏伤。如果身上着了火，千万不能奔跑。身上着火时，应把着火的衣服脱去或撕掉，如来不及脱衣，可就地打滚，把身上的火苗弄灭；其他人员可用湿毛毯等物把着火人裹起来灭火。火灾中逃生时，要仔细观察前进的方向，按照饭店的疏散图从最近通道疏散。高层饭店的人员无法下楼时，可往上跑。因为烟雾上升到一定高度就会冷却下沉，越往上烟雾越淡；此时如硬要往下跑，穿过烟层，有可能造成中毒。跑到楼顶后，应站在逆风一面，等待营救。时间就是生命，不要花时间整理自己的东西，也不要返回房间去取东西，没有什么财物比生命更为宝贵。为阻止火焰的蔓延，在疏散时不要忘记把房门关上。疏散时带着自己房间的钥匙，在疏散路线中断的情况下，可以退回房间进行自救并等待外面救援。在烟雾进入房间时，用湿毛巾或床单沿着门缝塞上，防止被烟熏；在浴盆内放满水，将所有易燃物品用水浸湿，若用洗头液和洗洁精等混在水里，灭火功能会更好；此时如果房门或门把手发烫，千万不要开门，要不断往门和其他易燃物品上浇水，以冷却温度。除非房间里充满浓烟，必须开窗换气，否则不要开窗，以防火焰从窗外蹿入；在紧急情况下可将床单拧成绳，从窗户进入下层楼的房间逃生等。

防火墙六：放置“火灾时请不要使用电梯”的告示牌

根据国内外大量的饭店火灾死亡案例看，有相当一部分人员是死在电梯内或电梯间的。由于客人进出饭店的客房大多是通过电梯，在火灾发生时，人们都习惯从原路逃出饭店，在此情况下大量人员就会涌向电梯间。电梯一般是在常温下进行工作的，在火灾发生时，由于高温的侵袭，或饭店断电，电梯会突然停止工作，以致造成人员死亡。所以，在疏散时要走安全通道，千万不能使用电梯。可以把事先准备好的“请勿乘电梯”的牌子放在电梯前，也可在电梯的上方用醒目字体写上“发生火灾时请不要使用电梯”的告示。

案例 4 - 11

发生火灾时切勿乘坐电梯

1971 年 7 月 23 日，美国新奥尔良市的一座 17 层汽车旅馆发生大火。火灾发生在第 12 层楼，在 15 层楼上有 5 人乘电梯逃命，但电梯到达 12 层楼时停住了，5 人均被烧死。

1980 年 11 月 21 日美国米高梅大饭店发生火灾，有 10 人死在电梯内、2 人死在电梯间。

1981 年 2 月 10 日美国的拉斯维加斯市希尔顿饭店发生大火，烧死 8 人，其中 4 人死在电梯和电梯间。从这些饭店火灾的案例可以看出，在饭店发生火灾时，乘电梯是非常危险的。

防火墙七：设置应急照明灯

饭店的火灾一般多在晚间，而发生火灾后往往会有停电的情况。因此饭店应当在大楼的疏散通道设置一定数量的应急照明灯（见图 4－11）。应急照明灯设置的重点部位是疏散出口的顶部、疏散走道的两侧墙面上、楼梯口和走道转角等处。

图 4－11　应急照明灯

案例 4－12

曼谷第一酒店客人乱扔烟头引起火灾案

1988 年元旦凌晨 4 时许，曼谷第一酒店发生了震惊世界的特大火灾。这个酒店是一家国际旅游饭店，高 9 层，有 222 间客房，酒店内部设施齐全，有大小不等的舞厅、酒吧、咖啡室、音乐室、健身房和游泳池等。当时正值泰国旅游年活动高潮，又恰逢新年元旦，世界各地的游客纷至沓来，曼谷市内各大酒店爆满。该酒店当日住有 410 名外国游客，他们分别来自新加坡、美国等 20 多个国家和地区。

有位客人将烟头扔在了舞厅的地下，而服务人员没有及时发现，引燃了地毯。大火从大楼 2 层的舞厅迅速燃烧起来，顷刻间大火和浓烟就吞没了整个酒店大楼，许多人在睡梦中葬身火海。

当地消防队接到报警迅速赶来，但由于该酒店处于市中心，周围全是建筑物，消防车只能从临街的一侧喷水灭火，而救援行动只能在酒店的另一侧进行。大部分客人被困在酒店房间内，无法及时救出。之后，警方出动了 3 架直升机前来救援，才使许多滞留在楼顶平台和房间阳台上的游客抓住直升机的悬梯逃离火海。

该酒店在发生大火时电源被火烧断，酒店内顿时一片漆黑，由于饭店既无二路供电系统，也九应急发电系统，更没有配备应急照明等，人们在慌乱中既找不到安全楼道，又无法从窗口逃生，造成了严重的后果。

事后据警方初步统计，共有 13 名游客被烧死，81 名游客被烧伤或逃生时不慎摔伤，游客的许多贵重物品被烧毁或慌乱中被人抢走。

评析：

曼谷第一酒店的特大火灾给我们留下了深刻的教训。首先是酒店的工作人员责任心不强，如果当班的人员发现及时，处理得当，火灾是不会进一步蔓延的。其次，酒店没有二路供电系统，也没有自己的应急发电系统，更没有应急照明灯具，以致在夜间发生火灾的情况下酒店一片漆黑，人们找不到逃生的道路，造成了人员的大量伤亡。

提示：

（1）饭店，尤其是大型的、高楼层的饭店，一定要实行二路供电并配备应急照明系统。对于每一个个体饭店来说，并不一定都会发生火灾。但是，如果没有这些设施，一旦发生火灾将造成群死群伤的严重后果。

（2）服务员在工作中要密切关注吸烟的客人，在下班时一定要进行消防安全检查，不放过任何不安全因素。

防火墙八：设置安全出口和疏散方向指示灯

为便于在夜间或在烟气很大的情况下进行疏散，饭店应当在所有疏散通道的拐角处设置疏散方向指示灯，在所有的安全出口的上方设置安全疏散标志——安全出口指示灯。（见图4－12）

疏散方向指示灯，设于走道墙面及转角处，其间距不宜大于20米。楼梯间的门上方，则应设安全出口指示灯。指示灯一般距地1.5～1.8米，过高易被烟气掩盖。按照国家的规定，灯具应为绿底白字，因为此色易透过烟火而被识别。疏散指示灯要有一定的光照度。有的安全出口指示灯和疏散方向指示灯上涂有荧光材料，具有一定的亮度，在断电的情况下也能发光。

图4－12　安全出口和疏散方向指示灯

防火墙九：疏散通道的设计、装饰要符合要求

疏散通道内墙面的装饰物，要避免用可燃性材料。疏散走道两侧的墙上一般不宜开窗口，如因采光要求必须开设时，窗口面积应尽量小。走道的墙面上2米以

下不能有突出物。疏散走道上的台阶应改为缓慢过渡的坡道。从通道进入楼梯间前室的门,应为防火门,而且可随时自由开启。为保障楼梯间内疏散安全,除楼梯入口的门以外,不应把其他的门再开向楼梯间。煤气管道和散热片等都不得设在楼梯间。疏散通道、楼梯间和出入口不得堆放货物,以免堵塞道路。

防火墙十:设置防火卷帘门

防火卷帘门(见图4-13)又称为防火卷闸门,它的功能等同于消防隔断。它是为了在发生火灾的情况下能有效地阻止烟雾的蔓延,使得人们能够顺利地疏散。

图4-13　防火卷帘门

基本对策:

步骤一:各部门、各岗位的人员在进行疏散时,由一名工作人员在前领路,另一名工作人员认真检查本点的每一地方、每一角落,确保无任何人员留下方可离开。在离开时要把重要的文件资料及现金带上,并把门关好,挂上"火灾疏散已检查过"的牌子。

步骤二:饭店所有的部门和岗位在进行疏散时,沿路应关闭一切门和窗户,阻止火势进一步蔓延,尽可能减少饭店的损失。

步骤三:饭店的所有人员撤离大楼以后,应当立即到事先指定的安全地带集中,各部门的秘书要带着当日的考勤记录查点人数,前厅和客房部负责清点客人。如有下落不明的人或还未撤离的人员,立即通知消防队。

步骤四:人的生命是最宝贵的,在火灾疏散中要按照"先救人后救物"的原则。如果情况许可,需要进行财产疏散,按照下面原则进行:

1. 有可能在热辐射的影响下造成爆炸的物品、容器,如煤气罐、氧气瓶等。
2. 当物资有碍人员进行疏散或妨碍消防员的灭火行动时,要迅速疏散。
3. 有可能助长火势的易燃、助燃物质,如棉织品、纸张等。
4. 重要的财产受到火焰或烟雾等的直接威胁而无法保护时。
5. 重要的及不能用水扑救的财产。
6. 处于火势下风方向的物品。

模块五 饭店涉法问题

一、客人要求饭店进行财物赔偿怎么办？

由于饭店的原因造成了客人财物的丢失、损坏或者被盗，客人要求饭店进行赔偿怎么办？这是很多饭店都比较头疼的一个问题。在这之中，有各种各样的情况。有的是因为饭店服务方面的原因造成的，有的是因为饭店管理不善造成的，还有的是由于外来人员的原因造成的。如果是饭店的原因造成了客人财物的丢失、损坏或者被盗，饭店是要承担赔偿责任的。

参考方法一

根据我国法律的规定，对客人财物造成损坏的，首先应当恢复原状，不能恢复原状的，应当折价赔偿。

参考方法二

客人财物丢失、损坏或者被盗如果是由于饭店的原因造成的，赔偿时又能以同种类和同质量的实物赔偿的，饭店可以实物赔偿，不能以实物赔偿的，应折价以金钱赔偿。折价时，一般以客人的财物损害发生时、发生地（饭店当地）的通常价格为准，依照财产实际价值的损失来确定赔偿额。如果当事人双方对财产的实际价值有争议，应请有关人员进行鉴定，以鉴定所确定的损失额为准。

参考方法三

一般情况下，由于客人自己的疏忽大意而使财物丢失、损坏或者被盗的，饭店不负赔偿责任或减轻赔偿责任。如客人的物品放在饭店的公共场所（院内、大厅等处），又未交代员工照看，饭店不负任何赔偿责任。

参考方法四

如果客人在房间没有锁上门窗，而饭店有安全提醒的告示又有贵重物品保险箱，但客人没有按照饭店的告示和提醒去做，造成财产的丢失、损坏或者被盗，饭店将减轻或免除赔偿责任。

参考方法五

因地震、洪水等自然灾害而造成客人财物损失的，根据国家“不可抗力”所造成财物损失赔偿的有关规定，饭店的责任也可减轻或免除赔偿责任。《中华人民共和国民法通则》第一百零七条规定：“因不可抗力不能履行合同或者造成他人损害的，不承担民事责任，法律另有规定的除外。”

基本对策：

步骤一：处理要及时，要实事求是。客人财物损失要求饭店赔偿的事件在饭店经营管理中时有发生。一旦出现这种情况，保安部或有关部门要及时赶赴现场进行处理。在处理过程中要实事求是，不要推卸责任，更不要互相推诿。

步骤二：客人财物丢失、损坏或者被盗要求进行赔偿时，应当具备以下几个条件：

1. 要求赔偿的人应当是饭店的客人。

从法律的角度上来说，只有到饭店进行消费，同饭店建立了权利和义务关系的人员才真正具有法律上“客人”的身份，饭店才有保护他的财物安全的法律义务。比如未得到饭店的许可，到店内来向客人推销产品的人员，如果他的东西丢失，饭店是不应当进行赔偿的。

2. 财物的丢失必须是在饭店实际控制的范围内发生的。

如果客人要求饭店进行财物赔偿，财物的丢失、损坏或者被盗必须是在饭店实际控制的范围内发生的。比如客人外出旅游将物品丢在外面，饭店是肯定不会赔偿的。再如，客人乘出租车到饭店，下车后发现物品丢失在车内，虽然出租车是在饭店门口停下的，但是，出租车内不是饭店实际控制范围，饭店也无法控制，所以饭店也不承担责任。

3. 客人要能够提供财物的名称、数量及其价值。

饭店在日常经营管理工作中遇到最多的问题就是，客人提出东西丢失或者损坏，但又说不出具体的东西或其价值。比如，客人的东西的确在客房被窃，而且有迹象表明是饭店的责任，可是客人往往报一个很大的数字。如果遇到这种情况，饭店应当要求客人提供丢失、损坏或者被盗财物的名称、数量及其价值等。因为从赔偿法上来说，“谁主张，谁举证”。也就是说，客人如果说东西丢了，必须说出丢的是什么，价值多少（要有证据，比如发票等），而不是客人说多少就赔多少。

步骤三：对客人进行赔偿后，一定要请客人写下书面的材料，并且要写明该事件发生的过程、处理经过及赔偿金额等。

案例5－1

拒绝提供分内服务，客人损失饭店赔偿

李某去江苏某四星级饭店的康乐部用桑拿浴，随身携带3 000余元人民币和

2 000多元的债券及其他一些贵重物品。因数额较大,李某要求饭店服务员代为保管或提供保险箱保管,可服务员却以无此先例为由,拒绝了他的要求。李某将这些财物放入更衣箱内上锁。用完桑拿后李某发现箱内的财物不见了,当即向公安机关报案。公安机关到达后分析属于盗窃案件。在长时间没有破案的情况下,客人提出要求饭店进行赔偿。

饭店认为接受桑拿服务的客人应当与住店客人区别对待,对于非住店客人的贵重物品的丢失酒店不负责任。为此李某起诉到法院,要求赔偿。

法院审理后认为饭店有保管客人贵重物品的责任,判被告承担主要赔偿责任。

评析:

客人在饭店内用桑拿浴不可能将随身携带的贵重物品带入浴室内,饭店也不可能要求客人不能携带物品进入康乐场所。所以客人在用桑拿时,要求饭店提供安全地方存放物品是合理合法的,饭店也有义务保管好客人的物品。就本案来说,客人事先已经向服务员申明自己携带有3 000余元人民币和2 000多元的债券及其他一些贵重物品,而且公安机关也已经认定是盗窃案件,所以本案的饭店是有赔偿责任的。

提示:

(1)该饭店以李某不是住饭店客人为由拒绝保管客人的贵重物品是不对的。从饭店和客人的权利义务关系来看,只要客人提出在饭店消费,而且饭店接受了客人的消费要求,饭店就有责任保管好客人随身携带的物品。

(2)如果饭店遇到客人有较大数额的现金或其他贵重物品时,应当要求客人到总服务台的贵重物品寄存处去寄存。

(3)如果饭店总服务台处的贵重物品保险箱离桑拿等康乐场所较远,饭店可以配一保险箱供客人存放贵重物品用。饭店还可以将客人的贵重物品封存保管。

(4)饭店应当将更衣柜设置在易于管理的地方,并且要加强安全管理,杜绝偷盗事件的发生。

(5)对于没有声明携带有贵重物品的客人,并且饭店已有告示提醒客人应当保管好自己的贵重物品的情况下,如果客人声称物品被盗,而公安机关不能确定物品被窃,饭店将不负赔偿责任。

二、客人车辆被盗或损坏要求赔偿怎么办?

饭店在日常经营管理中,发生客人车辆被盗或损坏要求饭店赔偿的情况很多,情况也各不相同。但是,一旦发生车辆被盗或损坏,客人会立即提出要求饭店赔偿。

参考方法一

如果客人的车辆交给饭店保管(存放在饭店提供的停车场内,并且有保安进行看护),发生车辆损坏饭店应当承担赔偿责任。

参考方法二

如果交给饭店保管的车辆内的财物因为车窗被砸坏,或者车门被撬,而造成丢失或者被盗,饭店应当承担赔偿责任。赔偿时能以同种类和同质量的实物赔偿的,饭店可以实物赔偿,不能以实物赔偿的,应折价以金钱赔偿。折价时,一般以客人的财物损害发生时、发生地(饭店当地)的通常价格为准,依照财物实际价值的损失来确定赔偿额。如果当事人双方对财物的实际价值有争议,应请有关人员进行鉴定,以鉴定所确定的损失额为准。

参考方法三

如果饭店在保管客人车辆之前声明,请客人携带车内的贵重物品,或者由于客人自己的疏忽大意而使财物丢失或者车辆损坏,饭店不负赔偿责任或减轻赔偿责任。

参考方法四

如客人的车辆不是停在饭店指定的停车场,而且又没有交代任何保安照看,发生车辆的损坏或被盗,饭店不负赔偿责任。

参考方法五

因地震、洪水等自然灾害而造成客人车辆及车内财物损失的,根据国家"不可抗力"所造成财物损失赔偿的有关规定,饭店也可减轻或免除赔偿责任。《中华人民共和国民法通则》第一百零七条规定:"因不可抗力不能履行合同或者造成他人损害的,不承担民事责任,法律另有规定的除外。"

基本对策:

步骤一:处理要及时,要实事求是。对于客人车辆丢失或损坏要求饭店赔偿的事件在饭店经营管理中时有发生。一旦饭店出现这种情况,保安部要及时赶赴现场进行处理。

步骤二:如果肇事者在现场(或两车相撞的车主在现场),保安部应当让双方协商解决。安全部如果让其中的一方离开现场,另一方很可能提出要求饭店进行赔偿。

步骤三:如果客人的车辆被盗,首先让客人到公安机关报案。然后再分析车辆被盗的原因。如果是饭店保管不当,饭店将承担赔偿责任。

案例 5-2

广州 XG 大酒店汽车被盗赔偿案

1999 年 2 月 4 日夜 12 时许,广东省深圳市的王某来到广州的 XG 大酒店住宿时,停放在楼下的桑塔纳轿车被盗。客人要求酒店给予赔偿。

大酒店的答复是该酒店于 1998 年 10 月 1 日开始对外试营业,停车场仍在施工，没有正式启用，所以酒店门前的停车场当时也没有人看管。客人没有付饭店的停车费，所以饭店不能赔偿。

在该事件的调查中发现，该酒店的停车场可以停放30辆小车，因其没有围墙，所以没有办理正式的停车场审批手续，也没有放置类似注意停车安全的警示。

评析：

饭店无论是试营业还是正式开业，对客人的有关法律责任都是存在的。客人来饭店住宿，饭店就应当对客人的财物负责。《中华人民共和国消费者权益保护法》第十八条规定："经营者应当保证其提供的商品或者服务符合保障人身、财产安全的要求。对可能危及人身、财产安全的商品和服务，应当向消费者作出真实的说明和明确的警示，并说明和标明正确使用商品或者接受服务的方法以及防止危害发生的方法。"

饭店在设施设备没有完全到位或建成的情况下，应当考虑到有可能危及客人人身和财产的安全情况，如果有可能发生上述情况，饭店应当尽最大的可能采取措施消除危害，如一时无法消除，饭店应当作出明确的警示。只有这样饭店才能免除或减轻责任。该大酒店虽然没有收取停车费，但由于没有对客人作出明确的警示，所以应当对客人的损失承担相应的责任。

提示：

(1)饭店应当切实保管好饭店客人的车辆安全。《中国旅游饭店行业规范》第八章第二十七条规定："饭店应当保护停车场内饭店客人的车辆安全。由于保管不善，造成车辆灭失或者毁损的，饭店承担相应的责任，但因为客人自身的原因造成车辆灭失或者毁损的除外。双方均有过错的，应当各自承担相应的责任。"

(2)如果客人将车辆停在饭店范围外，无论是车辆的被盗或损坏饭店都将不承担责任。

案例5－3

车内物品灭失，饭店不承担责任

1999年7月15日，湖南长沙市民黄某送空调去山东，途中投宿于WM饭店，将货车停在该饭店管理的停车场内，并付了保管费15元。第二天黄某准备离开饭店时，发现车上装载的空调少了两台，价值8 000余元，客人立即报案。公安机关现场勘察后确认情况属实，并立案侦查。经过两个多月时间，没有侦破。黄某向饭店所在地的法院起诉，要求饭店赔偿损失。

法院受理后查明：饭店所收的15元是对车辆的保管费，符合法律的规定，黄某事先没有向饭店声明车上装载有空调。于是，法院一审驳回了黄某的诉讼请求。

评析：

根据民法原理，保管合同是寄托人同保管人达成的，寄托人有偿或无偿将保管物交保管人保管，保管人于一定期限内返还保管物的协议。黄某将车辆交给饭店，饭店按保管车辆收费标准收费，双方达成的保管合同的标的物是车辆。

首先,黄某与饭店未就车上的空调进行清点查看;其次,该车辆是敞开的,车门也无损坏的情况;再次,饭店也没有收取空调的保管费,因此不能认为保管车辆的合同包含车上的货物,饭店仅对车辆有保管义务,不应承担丢失空调的责任。

提示:

(1)《中国旅游饭店行业规范》第八章第二十八条规定:“饭店应当提示客人保管好放置在汽车内的物品。对汽车内放置的物品的灭失,饭店不承担责任。”因为饭店无法确定客人放置在汽车内的物品,所以对汽车内物品的丢失饭店不负赔偿责任。

(2)为避免发生车内物品丢失而造成与客人之间的纠纷,饭店应当用适当的方式提醒客人保管好车内的物品。提醒的方式可以是口头的,也可以是书面的。

三、客人要求饭店进行人身损害赔偿怎么办?

客人在饭店内遭到人身损害,要求饭店进行赔偿的事件在饭店日常经营管理中十分常见。由于饭店没有保护好客人的人身安全,致使客人受到人身伤害,饭店就应当承担相应的责任,进行赔偿。反之,则不应当进行赔偿。

参考方法一

客人在饭店内人身受到的损害可以分为一般人身伤害、造成残疾、造成死亡三种情况。

1. 客人遭受一般人身伤害赔偿费用

饭店在提供产品或者服务过程中,由于饭店的原因使客人受到一般人身伤害,饭店应当承担就医治疗支出的各项费用以及因误工减少的收入,这些费用包括医疗费、误工费、护理费、交通费、住宿费、住院伙食补助费、必要的营养费等。

2. 客人在饭店内因伤致残赔偿费用

饭店在提供产品或者服务过程中,由于饭店原因造成客人因伤致残的,除承担上述的费用外,还应承担客人因生活需要所支出的必要费用以及因丧失劳动能力导致的收入损失,这些费用包括残疾赔偿金、残疾辅助器具费、被扶养人生活费,以及因康复护理、继续治疗实际发生的必要的康复费、护理费、后续治疗费。

3. 客人在饭店内造成死亡赔偿费用

由于饭店原因致使客人死亡的,饭店应当赔偿丧葬费、被扶养人生活费、死亡补偿费以及受害人亲属办理丧葬事宜支出的交通费、住宿费和误工损失等其他合理费用。如果受害人死亡之前有抢救费、医疗费、护理费等费用的,饭店也应当一并赔偿。

参考方法二

饭店如果未尽合理限度范围内的安全保障义务致使其客人遭受人身损害,客人要求饭店承担其相应赔偿责任的,饭店应当承担责任并予以赔偿。

参考方法三

由于饭店的侵权行为或者其他致害原因造成客人的人身受到损害，要求饭店进行赔偿的，要求赔偿和接受赔偿的人必须是遭受人身损害的直接受害客人、依法由受损害客人承担扶养义务的被扶养人以及死亡客人的近亲属。

参考方法四

如果受损害的客人对同一损害的发生或者扩大有故意、过失的，依照民法通则的规定，可以减轻或者免除饭店的赔偿责任。但如果饭店因故意或者重大过失致使其客人遭受人身损害，而受损害的客人只有一般过失的，不能减轻饭店的赔偿责任。

参考方法五

在确定饭店的赔偿责任时，如果受伤害的客人有重大过失，可以依法减轻饭店的赔偿责任。

参考方法六

如果饭店和第三人（饭店以外的其他人）由于共同的故意或者共同的过失致使客人人身受到损害，或者虽无共同故意或者共同过失，但其侵害行为直接结合发生同一损害后果的，饭店应当承担连带责任。比如犯罪分子到饭店实施抢劫，而饭店在能够阻止而没有阻止的情况下造成客人的人身受到损害，虽然客人的人身损害是犯罪分子所为，但是饭店没有有效地保护好客人的人身安全，所以饭店应当承担连带责任。

参考方法七

如果饭店和第三人没有共同故意或者共同过失，但其分别实施的数个行为间接结合发生同一损害后果的，应当根据过失大小或者原因力比例各自承担相应的赔偿责任。

参考方法八

如果饭店和第三方共同实施危及客人人身安全的行为并造成损害后果，不能确定实际侵害行为人的，应当承担连带责任。

参考方法九

由于饭店的原因致使客人的人身受到损害，饭店应当承担赔偿责任。但是，饭店承担的责任应当是其过错的部分。也就是说饭店承担的应当是在其能够防止或者制止损害的范围内的相应的补充赔偿责任。比如，由于客人饮酒过多，相互之间发生打斗，饭店在场的工作人员没有能够及时地阻止，致使其一方造成另一方人身损害，饭店只承担应当去阻止而没有能够及时有效地阻止而使其另一方造成人身损害的部分责任，而不是对受伤害的客人承担全部的责任。

参考方法十

如果客人在饭店受到的人身损害是由于第三人（饭店以外的其他人）的原因，饭店在承担责任后，依法可以向造成客人人身损害的第三人追偿责任。

按照我国有关法律规定，客人如果能够确定造成其伤害是由于第三人的原因，应当将第三人作为共同的被告，但造成客人伤害的第三人不能确定的除外。比如，客人之间发生口角，继而动手进行打斗，一方将另一方打伤，而饭店的保安人员当时也在现场进行了及时的制止，并且报告了公安机关到现场进行了处理，如果受伤害的客人要求饭店进行赔偿，他就应当将打他的人共同作为被告。但是，在饭店实际经营管理过程中往往是，受伤害的一方抓住饭店没有保护好他的人身安全，而他是在饭店进行消费为由，提出要求饭店一方进行赔偿，这是不对的。

基本对策：

步骤一：客人人身受到损害要求饭店赔偿的情况在饭店越来越多。一旦饭店出现这种情况，保安部或有关部门要及时赶赴现场进行处理。在处理过程中要实事求是，不要推卸责任。保安部要注意搜集有关证据，对客人的陈述以及现场目击人的陈述要有记录，对现场要进行拍照或录像。

步骤二：客人人身受到损害要求饭店赔偿，应当具备以下几个条件：

1. 要求赔偿的人应当是饭店的客人。

从法律的角度上来说，只有到饭店进行消费或进行与消费有关的活动（如参加婚宴等），同饭店建立了权利和义务关系的人员才真正具有法律意义上的“客人”身份，饭店才有保护他的人身安全的法律义务。

2. 客人的伤害应当是在饭店实际控制的范围内。

客人如果受到伤害要求饭店赔偿，那么他的伤害应当是在饭店实际控制的范围以内，如果他在饭店控制范围以外受到人身伤害，饭店是没有责任的。

3. 客人人身受到损害是由于饭店的原因造成的。

客人人身受到损害是由于饭店的原因所致，也就是说，客人的人身受到的损害同饭店的管理存在着因果关系。比如饭店在进行改造，地上有个坑，但是没有任何的警示标志，也没有灯光，客人掉了下去受了伤，饭店就有责任要进行赔偿。而客人自己走路不小心，跌倒在地受到伤害，饭店是不承担赔偿责任的。

4. 要有损害的事实。

饭店在经营中常常会遇到这样的情况，的确是饭店的原因致使客人跌倒在地，但是客人漫天要价。保安部经理在处理这类情况时要掌握：客人的伤害要有事实，也就是要到医院检查，并且医院要能够证明客人的确是受到了人身伤害。

5. 饭店要有过错。

饭店过错，这种过错包括主观上的和客观上的。一般来说，没有过错饭店是不需要承担责任，进行赔偿的。比如客人在饭店自杀，饭店无须承担责任。除非饭店明知客人要自杀没有去阻止，甚至提供条件，这时饭店就有责任，需要赔偿。

6. 饭店的行为违法。

一般来说，只有当饭店的行为违法时才需要对客人的人身损害进行赔偿。比如饭店出售了国家禁止出售的食品（如河豚），造成客人的人身受到伤害，饭店就需要承担责任。但是，如果由于客人自身的原因或者客人对某种食品有不良反应，甚至于过量食用某种食品（如银杏等），造成自身的人身伤害，饭店就无须承担责任。

案例5－4

人身损害赔偿责任认定与损害发生地点

2004年8月27日，北京的张先生下榻海口某星级饭店，当天晚上8时许张先生在饭店门口散步，行至离饭店800米处时突然遇到一男青年抢他随身携带的物品，在同对方争夺物品过程中男青年用小刀将张先生刺伤。受伤后的张先生随后被送到了医院。饭店得知这一情况后，立即派人员前往医院看望，并替张先生垫付了医疗费7 340元人民币。张先生出院后，饭店提出让其归还所欠饭店的费用，但张先生不愿意，其理由是他本人是受害者，由于案子没破，被抢的物品也一直没有被找到，自己是饭店的客人，遭受了很大的损失，所以饭店也应当承担部分的责任。

评析：

张先生不归还所欠饭店的费用是不对的。在这个案例中饭店是无须承担责任的。首先，张先生是在距离饭店800米外的地方被抢劫受伤，不是在饭店可以控制的范围内。虽然张先生是饭店的客人，但饭店不可能控制饭店以外的治安情况。再者，饭店也不可能预见到客人在外出散步过程中会发生被抢受伤事件。所以，在这个案例中无论是按照“过错原则”还是“公平原则”饭店都无须承担责任。

当然，张先生受伤住院，物品被抢，无论他的人身还是财物都遭受到了不同程度的损害和损失。出于人道主义考虑，饭店可以在他的房费上给予优惠，或者对他进行捐助。但是，法律上，他所欠饭店的费用是一定要偿还的。因为客人的人身伤害和财物损失同饭店没有必然的因果关系。

提示：

（1）饭店在遇到类似本案的情况时，应当写下欠条并要求客人在上面签字，这样可以避免一些纠纷发生。

（2）饭店应当“先小人，后君子”，也就是说饭店要事前向客人说明，在法律上本案与饭店没有关系，但是，考虑到客人是外地人，身边无人照料，一时也没有足够的钱支付医院的费用，饭店愿意派人照料并暂时支付医疗费，但这些费用是需要偿还的。如果饭店不在事前提出来，等以后再提出要求客人归还费用，就有可能发生纠纷。

步骤三：最好一次性解决客人提出的人身赔偿问题。此类问题如果拖延时间过长，不但耗费双方的精力，对饭店的声誉带来不良的影响，还可能会使饭店赔偿得更多。

步骤四：对客人进行赔偿后，一定要请客人写下赔偿收据。

案例 5－5

舞厅临街窗户被砸，碎片击伤顾客右眼

客人刘某来到南京一家饭店的舞厅跳舞。正当他随着悠扬的乐曲起舞时，舞厅临街窗户的一块玻璃忽然被人砸碎，其中一小块碎片击中了刘某的右眼。当保卫人员追出门时，肇事者已逃得不见踪影。刘某在医院治疗中共花费医疗费 6 000 余元。刘某家人多次与舞厅交涉，要求舞厅赔偿其医药费及误工损失费。然而，得到的答复是，该事件非本舞厅所致，因此不能承担赔偿责任。

刘某向饭店所属区法院起诉，要求这家饭店承担赔偿责任。

在法庭辩论中饭店方的委托代理人认为：舞厅的玻璃被外人砸碎，责任完全在肇事者；舞厅的门票中并不包含人身保险费用，饭店不应承担赔偿责任。舞厅本身不存在过错，不能适用《中华人民共和国民法通则》中的过错责任原则。

法院经过调查后判定：在无法找到肇事者的情况下，刘某要求饭店赔偿其经济损失是合理的，饭店应当承担客人的人身伤害赔偿责任，赔偿其医药费及误工损失费等项费用。

评析：

法庭的判决是合理的。刘某到舞厅跳舞，购买了门票，这实际上应视为订立合同的行为；舞厅卖门票给他，双方即由此形成了契约关系，门票则成为双方当事人合同的书面形式。舞厅作为合同的一方当事人，本身有义务为合同的另一方当事人提供安全的跳舞环境，也有责任保护跳舞者在舞厅内不受到伤害，虽然这家舞厅不是造成刘某受伤的直接侵害人，但在客观上舞厅已存在违约行为，因为舞厅没有有效地保护跳舞者在舞厅内免遭外来的侵害；由于肇事者的侵害行为以及舞厅的违约行为共同导致了刘某的人身健康受到侵害，而舞厅的行为不符合法定的免责条件，因此，肇事者与舞厅均负有责任赔偿受害人刘某的经济损失。当然，在无法找到肇事者的情况下，饭店应当承担客人的人身伤害赔偿责任。

提示：

(1) 客人刘某购买了门票，即与饭店建立了消费关系，他同饭店之间即产生了权利义务关系。

(2) 由于饭店没有保护好在店内消费客人的人身安全，违反了消费者权利保护法中的保护消费者人身安全的规定。所以在这个案例中饭店是需要承担赔偿责任的。

(3) 如果饭店寻找到肇事者，饭店在承担赔偿责任之后，依然享有向该案的肇事者追偿的权利。

案例5-6

大厅内醉酒男子大打出手,大酒店保安员作壁上观

苏某与方某旅行结婚住进江苏某豪华大酒店,当晚10时许他们逛城市夜景后回到酒店。刚走进大厅,两名醉醺醺的青年男子向他们寻衅,苏某和他们争辩了几句,招来了一顿拳打脚踢,苏某头部被打破,口鼻出血。方某大声呼救,但站在大厅内的两名酒店保安部的保安人员和两名服务员都无动于衷。待那两位打人的青年扬长而去之后,两名保安人员才走过来协助方某将苏某送医院。经医院诊断:苏某头部外伤、脑震荡、胸腹部等多处软组织挫伤。苏某在医院治疗近一个月,花费医疗费5 000元。

苏某出院后,要求酒店进行赔偿。酒店方认为:苏某受伤是外来人员所致,而且是在双方打斗时受伤的,所以酒店不应当承担赔偿责任。在得不到酒店的任何赔偿情况下,苏某将该酒店告到了法院。要求酒店赔偿医疗费、误工费、营养费、护理费、精神损失费等共2万元。

法院审理后判决:被告赔偿原告7 500元。

评析:

原告在被告处登记住宿,双方就建立了一种合同关系,被告有为原告提供安全住宿条件的义务。在本案中两名酒店的保安人员就在现场,和原告近在咫尺,完全能够履行其义务,保护原告免受侵害,但他们却无动于衷,放弃了职责。因而,应当认为被告没有履行自己的义务。《中华人民共和国民法通则》规定,公民、法人违反合同或者不履行其义务的,应当承担民事责任。《中华人民共和国消费者权益保护法》明确规定:消费者在接受服务时,其合法权益受到损害的,可以向服务者要求赔偿。根据这些规定,原告作为消费者,受到的损害与被告不履行自己的义务有着法律上的因果关系,被告应当依法承担民事赔偿责任。

提示:

(1)原告、被告之间是消费者与经营者之间的关系。饭店同客人建立消费关系后,应当保护好他们的人身安全,由于饭店没有保护好客人的人身安全,因此有责任进行赔偿。

(2)在此案中,如果客人被打时保安人员上前进行劝阻,客人有可能不至于受到人身伤害。所以,客人所受的伤害和饭店的不作为存在着因果关系。在饭店发生类似的事件时,保安部保安员一定要尽力进行劝阻。

四、客人在饭店死亡要求饭店赔偿怎么办?

近年来宾馆饭店内的客人死亡事件时有发生,这些客人死亡情况各异,有的是客人因病死亡,有的是客人自杀死亡,有的是犯罪分子侵害所致,有的是火灾等安全性事故造成的，还有的是其他的原因所致。无论发生何种类型的客人死亡事件，只要在饭店的范围内，客人的家属立刻就会提出要求饭店进行赔偿。而如何处理好这类赔偿事件，是饭店最为头疼的。

参考方法一

饭店一旦发生客人的死亡事件，除按照本书前面所提到的“如何处理客人死亡事件”和“如何保护好命案现场”的内容处理外，还应当着手考虑饭店对死亡事件是否有责任？是否应当赔偿？以及如何进行赔偿？

参考方法二

饭店如果未尽合理限度范围内的安全保障义务致使住店客人死亡，客人的家属要求饭店承担相应赔偿责任的，饭店应当承担责任并予以赔偿。

参考方法三

《中华人民共和国消费者权益保护法》第四十二条规定：“经营者提供商品或者服务，造成消费者或者其他受害人死亡的，应当支付丧葬费、死亡赔偿金以及由死者生前扶养的人所必需的生活费等费用；构成犯罪的，依法追究刑事责任。”

饭店在提供产品或者服务过程中，由于饭店原因致使客人死亡的，饭店除应当根据抢救治疗情况赔偿相关费用外，还应当赔偿丧葬费、被扶养人生活费、死亡补偿费以及受害人亲属办理丧葬事宜支出的交通费、住宿费和误工损失等其他合理费用。如果受害人死亡之前有抢救费、医疗费、护理费等费用的，饭店也应当一并赔偿。

参考方法四

由于饭店的侵权行为或者其他致害原因造成客人的死亡，要求饭店进行赔偿的，要求赔偿和接受赔偿的人必须是依法由死亡客人承担扶养义务的被扶养人以及死亡客人的近亲属。

参考方法五

如果饭店和第三人由于共同的故意或者共同的过失致使客人死亡，或者虽无共同故意或者共同过失，但其侵害行为直接结合共同产生同一损害后果的，饭店应当承担连带责任。比如犯罪分子到饭店实施抢劫杀人，而饭店在能够阻止而没有阻止的情况下造成客人死亡的，虽然客人的死亡是犯罪分子所为，但是饭店没有有效地保护好客人的人身安全，所以饭店应当承担连带责任。

基本对策：

步骤一：如果客人在饭店内因病死亡（如心脏病、高血压等），而饭店在事前又没有发现客人有任何疾病的征兆，饭店就不需要进行赔偿。

案例5-7

客人因病死亡

2007年5月上海某饭店，法国旅游团在早晨上车后发现少了一位客人，打电话到客房也没有人接听，领队要求饭店将客人的房间门打开，发现客人已经死亡。经医生确认是客人在凌晨时突发心脏病而死亡。

评析：

这是一起典型的住店客人因突发疾病而引起的死亡事件。对于这样的事件饭店很难预料。由于客人是单身住客房，即使当时心脏病发作，也没有人通知饭店进行抢救。饭店对于这样一类的客人死亡事件是根本无法预料的，所以饭店不需要承担任何责任。

提示：

(1)对于这一类的客人死亡要首先请省级、市级医疗机构确定客人的死亡原因，并且出具证书。

(2)要立即通过旅行社的领队通知其家属：客人死亡的原因是其自然因病死亡。

(3)如果客人家属提出要求饭店进行赔偿，饭店可以向其家属申明这种情况死亡饭店是没有责任的，所以饭店不应当进行赔偿。如果客人的家属没有提出要求饭店进行赔偿，饭店还是不提“饭店没有责任”为宜，避免引起客人家属的反感。

(4)有些饭店对这一类死亡事件中的死者家属进行一定的补偿，这是饭店根据其实际情况自己作出的决定。但是，在法律上，饭店是没有赔偿责任的。

步骤二：如果客人在饭店内自杀死亡，饭店要首先通知公安机关，到现场确定其性质。在客人自杀的事件中，饭店如果没有过错，是不需要承担责任的。但是，饭店如果有过错，就需要承担相应的补充责任。

案例5-8

酒店误输名字，女孩死亡谁之过

2006年8月21日，上海翻译小柯给家里打了个电话，告诉母亲自己现在要去寻死了。小柯父母立即报警，据推测小柯可能去了酒店，然而警方在上海旅客网上多次搜索，没有查到小柯的住宿登记。第三天，她被发现自缢于长宁区某酒店客房内。经查酒店在登记时将小柯名字中的“奕”字错输为“弈”，因此警方在网上搜索时，没能找到小柯的入住登记。小柯父母认为，正是由于酒店的不负责任，才导致他们无法及时找到准备自杀的女儿，酒店应当对女儿的死亡承担一定的责任，因此要求酒店赔偿丧葬费2 400余元、死亡赔偿金6万余元。酒店辩称,小柯自缢身亡是自己的行为,酒店没有任何责任,所以不应当赔偿。

评析:

在这起客人在饭店内自杀的事件中,饭店是有一定的责任的。如果当时前厅的服务员没有将小柯名字中的"奕"字错输为"弈",在警方得到其家属的报案后,有可能阻止她的自杀行为,或者送到医院能够挽回其生命。但是,由于服务员的过错,导致了死亡结果的发生。

提示:

(1)对于客人在饭店的自杀事件,饭店首先要检查,饭店在这起自杀死亡事件中有无过错,如果饭店没有任何过错,就无须承担责任。

(2)在这一案例中饭店显然是有过错,但是,这一过错并不表明饭店要承担全部的责任。因为,本案中的翻译小柯是位成年人,她应当对自己的行为及其所造成的后果有判断能力。再者,死亡这种结果的发生正是死者的意愿,即使不是发生在饭店内,也有可能发生在其他的地方。所以饭店只是承担很少的赔偿责任。当然,如果不是服务员将"奕"字错输为"弈",饭店就无须承担责任。

步骤三:如果客人的死亡原因是由于饭店发生火灾等安全性事故、事件而造成的,饭店是需要承担赔偿责任的。

步骤四:如果客人在饭店内的死亡是由于外来的行为(如抢劫杀人等)所造成的,而饭店又没有保护好客人的人身安全,饭店就需要按照不同的情况承担相应的赔偿责任。

案例5-9

卖淫女饭店被杀案

2007年5月,江西某饭店住进一位名叫李进的女青年。在她住进饭店的第三天,饭店发现她被人抢劫杀害在客房内。饭店立即报案,警方通过调查很快将案件侦破。原来李某进房后,通过打电话的方式以提供按摩服务为由从事卖淫活动。在一次卖淫后,由于价格问题同对方发生了争吵,在打斗过程中,对方将李某杀死,并抢走了她随身携带的钱物。

事发后,查出李某为化名,而饭店在该女子登记时未查验身份证。死者的家属以该女为住店客人,且死在饭店的客房内,而饭店未能提供安全为由,要求饭店进行赔偿。

评析:

该女住进饭店是为了卖淫牟取非法利益。根据《中华人民共和国民法通则》和《中华人民共和国合同法》的规定:"违反法律或社会公共利益的民事行为无效","以合法的形式掩盖非法目的的民事行为无效"以及"无效的民事行为,从行为开始时起就没有法律约束力"。该女的住宿不能与饭店产生服务合同关系,因此,家属无权以饭店未提供安全保障为由要求饭店进行赔偿。

提示：

(1)在本案中，饭店无须承担责任。损害事实、行为违法、因果关系、主观过错是侵权民事责任的四个构成要件，缺一不可。该女死亡的直接原因是他人的犯罪行为，饭店在受害者入住查验身份证等方面有过错，但同前面案例不同的是，此过错行为与李某死亡并没有必然的因果关系。换句话说，即使她用了真实的身份进行登记入住饭店，也不会阻止她在这一事件中被杀的可能，在这起案件中，饭店行为没有侵权。

(2)如果饭店明知李某有卖淫的行为，没有去制止或者报告公安机关，甚至为她的卖淫活动提供方便，饭店就有一定的责任。

案例5-10

饭店客房内的抢劫杀人案

1.1998年8月23日，深圳某医药公司总经理王某入住上海某四星级宾馆，不久被犯罪分子仝某杀害，并抢去随身携带的物品。

2.2006年12月29日，客人蒋先生在湖北某宾馆登记后进入客房休息，不久发现在入住的客房内被抢劫杀害。在事后公安机关的调查中发现，饭店保安曾发现有可疑的情况，而且有服务员称，案发时听到二楼传出了呼救和惊叫声。但是，当时饭店的工作人员认为是客人之间在打闹，也就没有敲门查看，致使不幸发生。

3.2007年4月，郑州某饭店，一名女子在入住饭店办理登记手续时被犯罪分子盯上。犯罪分子见是单身女子便尾随其后，到了客房门口，见该客人无法用电子钥匙卡将门锁打开，便以帮忙为由将房门打开后，将该客人推入房间内实施抢劫。将客人劫杀后把尸体塞到床下，然后离开房间。

4.2007年初，全国媒体报道了一个令人震惊的消息，香港富豪郑慈太在深圳某豪华酒店遭绑架被撕票。

以上这几个案例中饭店是否应当承担赔偿责任？

评析：

以上的这几个抢劫、绑架杀人案例中饭店是否负有赔偿责任，主要取决于以下几个方面。

第一方面要看这些被抢劫杀害的人员是否属于饭店的客人，饭店有无保护他人身安全的法律依据。饭店一般只对自己的客人才负有法律上的保护责任。如果客人到饭店入住，办理了登记手续，拿到了饭店客房的钥匙，这实际上应视为订立合同的行为。建立了合同关系以后，饭店就应当对客人的人身安全负有法律上的保护责任。《中华人民共和国消费者权益保护法》第十八条规定："经营者应当保证其提供的商品或者服务符合保障人身、财产安全的要求。对可能危及人身、财产安全的商品和服务，应当向消费者作出真实的说明和明确的警示，并说明和标明正确使用商品或者接受服务的方法以及防止危害发生的方法。"

第二方面要看饭店是否存在过错。客人虽然同饭店建立了合同关系,饭店负有保护客人人身和财产安全方面的责任,但饭店同客人的关系不是一种保险关系(即使买了保险,保险公司也不会因被保险人的故意行为造成的后果承担责任)。只要饭店在保护客人的人身和财产方面尽到了自己的责任,在主观、客观上不存在过错,饭店就不应承担赔偿责任。比如,在饭店、餐厅、银行、商店、列车、公交车上等公共场所如果发生抢劫等情况,上述提供服务方是否应当负有赔偿责任,主要看提供服务方是否尽到了责任。在公交车上,当人多拥挤容易发生被盗情况时,只要公交车上给予了警示,驾驶人员也没有放任盗窃的故意,公交车就没有赔偿的义务。当然,是否尽到了责任是以事实为依据,而不是一方之词。

提示:

(1)类似以上这些在饭店遭抢劫被杀害的案例在饭店业时有发生,饭店要做好安全管理工作,杜绝类似恶性案件的发生。

(2)饭店在这类案件中是否需要赔偿,要看饭店是否存在着过错,以及过错的大小。如在第二个案例中,饭店显然是存在过错的。因为饭店保安曾发现有可疑的情况,而且有服务员称,案发时听到二楼传出了呼救和惊叫声。从保安和服务员反映的情况来看,饭店在保护客人人身安全方面存在过错,对蒋某的死亡也存在着因果关系。所以,从此角度上看,这样的案件饭店应当承担责任。

五、客人在饭店遭受人身损害赔偿金如何计算?

提供安全的住宿环境,保证客人住店期间的人身安全,是饭店最基本的职责。《中华人民共和国消费者权益保护法》第七条规定:“消费者有权要求经营者提供的商品和服务,符合保障人身、财产安全的要求。”

客人在饭店可能受到人身损害的原因很多,如行凶抢劫、火灾、设备故障、饮食污染、饭店或其服务人员疏忽大意、第三方的侵害行为等。这些原因都可能造成客人的人身损害、伤残甚至死亡。

由于饭店的原因造成客人的实际人身损害,饭店应当承担赔偿责任,以下就具体赔偿金的计算提出一些参考方法。

参考方法一:医疗费用的计算

客人受到人身损害的医疗费用,以医疗机构出具的医药费、住院费等收款凭证为依据,结合病历和诊断证明等相关证据确定。各种医药费票据上的名字必须是客人本人。饭店如果对治疗的必要性和合理性有异议的,按照有关规定应当承担相应的举证责任。饭店承担的这些医疗费的赔偿数额,截至一审法庭辩论终结前实际发生的数额确定。器官功能恢复训练所必要的康复费、适当的整容费以及其他后续治疗费,客人可以待事实发生后另行提出。但根据医疗证明或者鉴定结论确定必然发生的费用,可以与已经发生的医疗费一并予以计算。

参考方法二:误工费用的计算

误工费用根据受到人身损害客人的误工时间和收入状况确定。误工时间根据受损害客人接受治疗的医疗机构出具的证明确定。受损害客人因伤致残持续误工的,误工时间可以计算至定残日前一天。受损害客人有固定收入的,误工费按照实际减少的收入计算。受损害客人无固定收入的,按照其最近三年的平均收入计算;受损害客人不能举证证明其最近三年的平均收入状况的,参照受诉法院所在地相同或者相近行业上一年度职工的平均工资计算。

参考方法三:护理费用的计算

护理费用根据护理人员的收入状况和护理人数、护理期限确定。护理人员有收入的,参照误工费用的规定计算;护理人员没有收入或者雇用护工的,参照当地护工从事同等级别护理的劳务报酬标准计算。护理人员原则上为一人,但医疗机构或者鉴定机构有明确意见的,可以参照确定护理人员人数。

护理期限计算至人身受损害客人恢复生活自理能力时止。受损害人因残疾不能恢复生活自理能力的,根据其年龄、健康状况等因素确定合理的护理期限,但最长不超过20年。受损害客人定残后的护理,根据其护理依赖程度并结合配置残疾辅助器具的情况确定护理级别。

参考方法四:交通费用的计算

交通费用根据受到人身损害客人和必要的陪护人员因就医或者转院治疗实际发生的费用计算。交通费以正式票据为凭;有关凭据应当与就医地点、时间、人数、次数相符合。

参考方法五:住院伙食补助费用的计算

住院伙食补助费用参照当地国家机关一般工作人员的出差伙食补助标准予以确定。受损害客人确有必要到外地治疗,因客观原因不能住院,受损害客人本人及其陪护人员实际发生的住宿费和伙食费,其合理部分饭店予以承担。

参考方法六:营养费用的计算

营养费用根据人身受损害客人伤残情况参照医疗机构的意见确定。

参考方法七:残疾赔偿金的计算

残疾赔偿金根据人身受损害客人丧失劳动能力程度或者伤残等级,按照受诉法院所在地上一年度城镇居民人均可支配收入或者农村居民人均纯收入标准,自定残之日起按20年计算。但60周岁以上的,年龄每增加1岁减少1年;75周岁以上的,按5年计算。人身受损害客人因伤致残但实际收入没有减少,或者伤残等级较轻但造成职业妨害严重影响其劳动就业的,可以对残疾赔偿金作相应调整。

参考方法八:残疾辅助器具费用的计算

残疾辅助器具费用按照普通适用器具的合理费用标准计算。伤情有特殊需要的,参照辅助器具配制机构的意见确定相应的合理费用标准。辅助器具的更换周期和赔偿期限参照配制机构的意见确定。

参考方法九:丧葬费用的计算

丧葬费用按照受诉法院所在地上一年度职工月平均工资标准,以6个月总额计算。

参考方法十:被扶养人生活费用的计算

被扶养人生活费用根据扶养人丧失劳动能力程度,按照受诉法院所在地上一年度城镇居民人均消费性支出和农村居民人均年生活消费支出标准计算。被扶养人为未成年人的,计算至18周岁;被扶养人无劳动能力又无其他生活来源的,计算20年。但60周岁以上的,年龄每增加1岁减少1年;75周岁以上的,按5年计算。

被扶养人是指人身受损害客人依法应当承担扶养义务的未成年人或者丧失劳动能力又无其他生活来源的成年近亲属。被扶养人还有其他扶养人的,饭店只赔偿受害人依法应当负担的部分。被扶养人有数人的,年赔偿总额累计不超过上一年度城镇居民人均消费性支出额或者农村居民人均年生活消费支出额。

参考方法十一:死亡赔偿金的计算

死亡赔偿金按照受诉法院所在地上一年度城镇居民人均可支配收入或者农村居民人均纯收入标准,按20年计算。但60周岁以上的,年龄每增加1岁减少1年;75周岁以上的,按5年计算。

对方如果能够举证证明其住所地或者经常居住地城镇居民人均可支配收入或者农村居民人均纯收入高于受诉法院所在地标准的,残疾赔偿金或者死亡赔偿金可以按照其住所地或者经常居住地的相关标准计算。但是,被扶养人生活费用的相关计算标准仍按被扶养人生活费用的计算方法计算。

参考方法十二:其他费用

超过确定的护理期限、辅助器具费给付年限或者残疾赔偿金给付年限,受到人身损害的客人要求饭店继续给付护理费、辅助器具费或者残疾赔偿金的,饭店应当承担。受损害客人如果确需继续护理、配制辅助器具,或者没有劳动能力和生活来源的,饭店应当继续给付相关费用5～10年。

饭店以定期金方式给付残疾赔偿金、被扶养人生活费、残疾辅助器具费的,应当提供相应的担保。但一审法庭辩论终结前已经发生的费用、死亡赔偿金以及精神损害抚慰金,应当一次性给付。定期金按照受损害客人的实际生存年限给付的,不受有关赔偿期限的限制。

受到人身损害的客人或者死亡客人的近亲属遭受精神损害,要求饭店赔偿精神损害抚慰金的，按照《最高人民法院关于确定民事侵权精神损害赔偿责任若干问题的解释》予以确定。精神损害抚慰金的请求权，不得让与或者继承。但饭店已经以书面方式承诺给予金钱赔偿，或者客人向人民法院起诉的除外。

（注："城镇居民人均可支配收入"、"农村居民人均纯收入"、"城镇居民人均消费性支出"、"农村居民人均年生活消费支出"、"职工平均工资"，按照政府统计部门公布的各省、自治区、直辖市以及经济特区和计划单列市上一年度相关统计数据确定。）

六、客人要求精神损害赔偿怎么办？

随着法制的健全，客人在饭店内受到人身损害，要求进行精神损害赔偿的情况越来越多，提出赔偿金的要求也越来越多。客人在饭店内遭受人身损害，往往会提出精神损害赔偿。

人身损害案件中的"精神损害赔偿"，是指公民的生命权、健康权、身体权、姓名权、肖像权、名誉权、荣誉权、人格尊严权、人身自由权、隐私权等受到不法侵害，并造成伤害后果，致使受害人或者近亲属人格权受到非财产性的侵害行为所造成的精神损害，给予适当经济补偿的一种民事法律制度。

参考方法一：精神损害赔偿的范围

按我国传统民法理论，精神损害仅限于姓名权、肖像权、名誉权、荣誉权等人身权范围。但随着法律的发展，精神损害已经扩大到生命健康权、隐私权等领域。

参考方法二：精神损害赔偿的因素

一般而言，精神损害赔偿数额多综合被害人精神损害的程度、侵害人的过错程度、侵害行为的社会后果及影响、当地的经济条件等多种因素予以确定。以下两类赔偿的因素可供饭店参考。

1. 法定因素。即《最高人民法院关于确定民事侵权精神损害赔偿责任若干问题的解释》（详见附后的《最高人民法院关于确定民事侵权精神损害赔偿责任若干问题的解释》）所指出的侵权人的过错程度、侵权行为具体情节、侵权造成的后果和社会影响、受害人精神损害程度（痛苦程度）及持续状况等。

2. 酌定因素。即根据立法精神，从司法实践中总结出来的，由法院灵活掌握、酌情适用的因素，即当事人主体类型、双方经济状况、侵权人认错态度和受害人的谅解程度、侵权人实际赔偿能力、社会状况的变化等因素。如鉴于被告人的履行能力，依据我国有关法律和司法解释，结合当地普通市民的一般生活标准，法官和审判组可以在有关规定的幅度范围内灵活地选择一个合情合理、合法合适的精神赔偿数额。

案例5－11

报警器误报警，无辜女错被查

1998年7月8日上午10时许，上海某外语学院学生钱某带11岁侄子逛街时来到上海屈臣氏日用品有限公司四川北路店，当钱某从正门出来准备离开时，出口处报警器突然鸣响。商店的保安赶来，阻止钱某离开，并让钱某穿行了三次防盗门，但警报声仍然响起。然后保安以需要仔细检查，钱某应予配合为由，由女保安将二人带到地下商场的办公室内，用手提电子探测器对钱某作全身检查。在确定钱某左髋部发出磁信号后，保安即责令钱某脱裤检查，钱某先后两次含泪解开裤子拉链接受检查，结果证明钱某清白无辜。

随后，钱某向上海市虹口区人民法院起诉，要求商店赔礼道歉并赔偿精神等损失费50万元人民币。

1998年10月28日，上海市虹口区人民法院对这起侵害名誉权案作出一审判决：被告上海屈臣氏日用品有限公司四川北路店在《新民晚报》上刊登向原告钱某赔礼道歉的公告（内容须经法院审核），另外赔偿原告精神等损失费人民币25万元。被告上海屈臣氏日用品有限公司承担连带责任。

屈臣氏日用品有限公司是港方企业，经港方律师和上海律师共同研究，认为一审对此案判定不公，故提出上诉。

上诉状认为，一审判决屈臣氏日用品有限公司向钱某支付中国创纪录的25万元人民币的精神损失费的理由不能成立。

一审判决主要有以下四条理由：(1)侵权情节恶劣；(2)钱某受害程度较深；(3)引起社会不良反响；(4)屈臣氏日用品有限公司有实际支付能力。屈臣氏日用品有限公司认为，这四条理由不能成立，退一万步讲，即使一审判决认定的侵权事实成立，那么也就是一名女店员在履行自己保安人员的职责时，将一位再三引发防盗系统报警的女顾客带入办公室，在办公室没有任何人围观的情况下，用手提电子探测器在不接触顾客身体的情况下作局部探查，查明了具体部位后，为了进一步检查而触摸了女顾客的身体。将顾客带到办公室避免围观，不仅不是为了对顾客的名誉进行侵害，主观上完全是出于对顾客的名誉（若该顾客的确有不轨行为的话）的最大保护。钱某在当场与商店交涉未果的情况下，当天立即向区消费者协会及新闻媒体投诉，后又聘请律师提起诉讼，开学后正常上课，所谓“受侵害程度较深”有什么事实根据？究竟“深”在什么地方？

二审受理此案后认为，根据司法实践及本案的具体情况，25万元人民币的赔偿金额显属过高，本院应予以纠正，改判为1万元赔偿金。

评析：

这起在全国广泛受到关注的精神损害赔偿案，之所以引起全社会的广泛关注，不仅是当时同类案件中提出精神损害赔偿最高的案例，也是一审、二审判决结果相差巨大的案例。

名誉侵权案的精神赔偿案,一般的法院都会受理判决,只是判决赔偿多少的问题,因为民法明确保护公民的人格权。而对于其中的精神损害赔偿问题,法律规定的较为原则。精神损害究竟该赔多少?这的确很难有一个明确计算的方法。在将如此抽象的东西具体化、货币化的过程中,不可能有一个十分合情合理的标准。

提示:

(1)饭店在客人提出要求进行精神损害赔偿后,要尽可能安抚客人的情绪,不要使矛盾激化,给客人一个比较满意的答复。

(2)减少事件的社会影响,减少媒体对饭店不利的报道,以及人们对饭店不利的议论等。

(3)正因为精神损害赔偿的费用没有人身损害赔偿的费用那么容易计算,所以每个地区、每个法院在计算精神损害赔偿金方面可能都很不一样。饭店为了保护自身的利益,要注意搜集证据,说明在事件中客人到底受到精神损害的程度有多深、影响有多大。

附录

最高人民法院关于确定民事侵权精神损害赔偿责任若干问题的解释

法释〔2001〕7号 自2001年3月10日起施行

为在审理民事侵权案件中正确确定精神损害赔偿责任,根据《中华人民共和国民法通则》等有关法律规定,结合审判实践经验,对有关问题作如下解释:

第一条 自然人因下列人格权利遭受非法侵害,向人民法院起诉请求赔偿精神损害的,人民法院应当依法予以受理:

(一)生命权、健康权、身体权;

(二)姓名权、肖像权、名誉权、荣誉权;

(三)人格尊严权、人身自由权。

违反社会公共利益、社会公德侵害他人隐私或者其他人格利益,受害人以侵权为由向人民法院起诉请求赔偿精神损害的,人民法院应当依法予以受理。

第二条 非法使被监护人脱离监护,导致亲子关系或者近亲属间的亲属关系遭受严重损害,监护人向人民法院起诉请求赔偿精神损害的,人民法院应当依法予以受理。

第三条 自然人死亡后,其近亲属因下列侵权行为遭受精神痛苦,向人民法院起诉请求赔偿精神损害的,人民法院应当依法予以受理:

(一)以侮辱、诽谤、贬损、丑化或者违反社会公共利益、社会公德的其他方式,侵害死者姓名、肖像、名誉、荣誉;

(二)非法披露、利用死者隐私,或者以违反社会公共利益、社会公德的其他方式侵害死者隐私;

(三)非法利用、损害遗体、遗骨,或者以违反社会公共利益、社会公德的其他方式侵害遗体、遗骨。

第四条 具有人格象征意义的特定纪念物品,因侵权行为而永久性灭失或者毁损,物品所有人以侵权为由,向人民法院起诉请求赔偿精神损害的,人民法院应当依法予以受理。

第五条 法人或者其他组织以人格权利遭受侵害为由,向人民法院起诉请求赔偿精神损害的,人民法院不予受理。

第六条 当事人在侵权诉讼中没有提出赔偿精神损害的诉讼请求,诉讼终结后又基于同一侵权事实另行起诉请求赔偿精神损害的,人民法院不予受理。

第七条 自然人因侵权行为致死,或者自然人死亡后其人格或者遗体遭受侵害,死者的配偶、父母和子女向人民法院起诉请求赔偿精神损害的,列其配偶、父母和子女为原告;没有配偶、父母和子女的,可以由其他近亲属提起诉讼,列其他近亲属为原告。

第八条　因侵权致人精神损害,但未造成严重后果,受害人请求赔偿精神损害的,一般不予支持,人民法院可以根据情形判令侵权人停止侵害、恢复名誉、消除影响、赔礼道歉。

因侵权致人精神损害,造成严重后果的,人民法院除判令侵权人承担停止侵害、恢复名誉、消除影响、赔礼道歉等民事责任外,可以根据受害人一方的请求判令其赔偿相应的精神损害抚慰金。

第九条　精神损害抚慰金包括以下方式:

(一)致人残疾的,为残疾赔偿金;

(二)致人死亡的,为死亡赔偿金;

(三)其他损害情形的精神抚慰金。

第十条　精神损害的赔偿数额根据以下因素确定:

(一)侵权人的过错程度,法律另有规定的除外;

(二)侵害的手段、场合、行为方式等具体情节;

(三)侵权行为所造成的后果;

(四)侵权人的获利情况;

(五)侵权人承担责任的经济能力;

(六)受诉法院所在地平均生活水平。

法律、行政法规对残疾赔偿金、死亡赔偿金等有明确规定的,适用法律、行政法规的规定。

第十一条　受害人对损害事实和损害后果的发生有过错的,可以根据其过错程度减轻或者免除侵权人的精神损害赔偿责任。

第十二条　在本解释公布实施之前已经生效施行的司法解释,其内容有与本解释不一致的,以本解释为准。

责任编辑：张瑞芳

图书在版编目(CIP)数据

保安部部门经理实务手册/袁义编著.—北京：旅游教育出版社，2009.2
(饭店部门经理实务手册系列丛书)
ISBN 978-7-5637-1804-7

Ⅰ.保… Ⅱ.袁… Ⅲ.饮食业-保安-工作-手册 Ⅳ.F719.3

中国版本图书馆 CIP 数据核字(2009)第 002124 号

饭店部门经理实务手册系列丛书

保安部部门经理实务手册

袁义 编著

出版单位	旅游教育出版社
地　　址	北京市朝阳区定福庄南里 1 号
邮　　编	100024
发行电话	(010)65778403 65728372 65767462(传真)
本社网址	www.tepcb.com
E-mail	tepfx@163.com
排版单位	首都经济贸易大学出版社激光照排服务部
印刷单位	北京京师印务有限公司
装订单位	北京京师印务有限公司
经销单位	新华书店
开　　本	787×960 1/16
印　　张	10.5
字　　数	167 千字
版　　次	2009 年 3 月第 1 版
印　　次	2009 年 3 月第 1 次印刷
印　　数	1-5000 册
定　　价	18.00 元

(图书如有装订差错请与发行部联系)